CRIE BONS HÁBITOS

LIVRE-SE DOS MAUS HÁBITOS

JOYCE MEYER

CRIE BONS HÁBITOS

LIVRE-SE DOS MAUS HÁBITOS

14 NOVOS COMPORTAMENTOS
QUE ENCHERÃO SUA VIDA DE ENERGIA

1ª edição
Belo Horizonte

Edição publicada mediante acordo com FaithWords, New York, New York. Todos os direitos reservados.

Diretor
Lester Bello

Autor
Joyce Meyer

Título Original
Making Good Habits, Breaking Bad Habits

Tradução
Maria Lucia Godde Cortez/Idiomas & Cia

Revisão
Ana Lacerda, Luísa Calmom
Fernanda Silveira e Daniele Ferreira/Idiomas & Cia

Diagramação
Julio Fado

Design capa (adaptação)
Fernando Rezende

Impressão e Acabamento
Promove Artes Gráficas

BELLO
PUBLICAÇÕES

Av. Silviano Brandão, 1702
Horto - CEP 31.015-015
Belo Horizonte/MG - Brasil
contato@bellopublicacoes.com
www.bellopublicacoes.com.br

Copyright desta edição
© 2013 by Joyce Meyer
FaithWords Hachette Book Group
New York, NY

Publicado pela
Bello Comércio e Publicações Ltda-ME
com a devida autorização de
Hachette Book Group e todos
os direitos reservados.

Primeira edição — Julho de 2014
Primeira Reimpressão — Janeiro de 2015

Todos os direitos reservados. Nenhuma parte desta publicação poderá ser reproduzida, distribuída ou transmitida sob qualquer forma ou meio, ou armazenada em base de dados ou sistema de recuperação, sem a autorização prévia por escrito da editora.

Exceto em caso de indicação em contrário, todas as citações bíblicas foram extraídas da Bíblia Sagrada *The Amplified Bible* (AMP) e traduzidas livremente em virtude da inexistência dessa versão em língua portuguesa. Quando a versão AMP correspondia com o texto da Almeida Revista e Atualizada, esse foi o texto utilizado nos versículos fora dos colchetes.

CIP-BRASIL. CATALOGAÇÃO NA FONTE

Meyer, Joyce
M612   Crie bons hábitos, livre-se dos maus hábitos: 14 novos comportamentos que encherão sua vida de energia / Joyce Meyer; tradução de Maria Lucia Godde Cortez / Idiomas & Cia. – Belo Horizonte: Bello Publicações, 2015.
216p.
Título original: Making good habits, breaking bad habits.
ISBN: 978-85-8321-010-8

1. Auto-ajuda – Aspectos religiosos. I. Título.

CDD: 158.1   CDU: 159.9

Sumário

	Introdução	7
1.	A Anatomia de um Hábito	13
2.	Comece Agora!	21
3.	Comportamento 1: O Bom Hábito	33
4.	Livrando-se dos Maus Hábitos	47
5.	Comportamento 2: Pensamentos, Palavras e Hábitos	59
6.	Comportamento 3: O Hábito de Ser Determinado	69
7.	Comportamento 4: Hábitos Saudáveis	81
8.	Comportamento 5: O Hábito da Felicidade	95
9.	Comportamento 6: O Hábito da Fé	107
10.	Comportamento 7: O Hábito da Excelência	121
11.	Comportamento 8: O Hábito de Ser Responsável	135
12.	Comportamento 9: O Hábito da Generosidade	147
13.	Comportamento 10: O Hábito da Pressa	157
14.	Comportamento 11: Hábitos Emocionais	167
15.	Comportamento 12: O Hábito da Confiança	179
16.	Comportamento 13: O Hábito de Acrescentar Valor a Outros	189
17.	Comportamento 14: O Hábito da Disciplina	199
	Resumo	209

Introdução

Todos nós temos hábitos. Alguns bons e outros maus. Os bons nos beneficiam e acrescentam alegria e poder às nossas vidas, ao passo que os maus não acrescentam nada, ao contrário, roubam nossa paz e nossa felicidade, além de impedir nosso sucesso. Um hábito é algo que fazemos sem sequer pensar. É nosso comportamento usual, ou um padrão de comportamento adquirido pela repetição frequente. Certa vez, li que até quarenta por cento de nossas ações são realizadas meramente por hábito.

Se você está lendo este livro, provavelmente é porque criou um hábito de leitura frequente. Outras pessoas, que precisam desesperadamente das informações contidas neste livro, não as receberão simplesmente por não terem criado o hábito da leitura. Elas provavelmente dirão: "detesto ler." Se você disser repetidamente que odeia algo ou alguma atividade, isso tornará mais difícil e menos agradável realizá-la.

A repetição é uma ferramenta poderosa para desenvolver bons hábitos e quebrar qualquer mau hábito. Os especialistas dizem que um hábito pode ser formado ou desfeito em trinta dias, por isso quero convidar você para fazer essa experiência comigo e transformar sua vida mudando os seus hábitos. Pode ser difícil a princípio, mas a dedicação e a paciência o levarão a ter sucesso no fim. Um dos motivos pelos quais não desenvolvemos os bons hábitos que afirmamos desejar é porque vivemos em uma cultura de gratificação instantânea. Queremos tudo "agora", e não percebemos que muitas das coisas boas que queremos e das quais precisamos não são conquistadas simplesmente porque as desejamos. Os bons hábitos são construídos por aqueles que perseveram e se recusam a desistir.

Vince Lombardi disse: "Vencer é um hábito; infelizmente, perder também é." Ele também disse: "Quando você aprende a desistir, isso se torna um hábito." Tome a decisão agora mesmo de que você pode ser e será um vencedor em formar qualquer bom hábito que deseje e quebrar qualquer mau hábito do qual precise se livrar.

Nunca dê início a um projeto com dúvida e medo de fracassar. Comece a ler este livro com a simples convicção de que você pode mudar. Com a ajuda de Deus, você pode criar bons hábitos e livrar-se dos maus hábitos. Ao desenvolver hábitos melhores, você pode se tornar uma pessoa melhor.

Recentemente, a revista *Real Simple* perguntou aos seus leitores de que hábitos eles gostariam de se livrar. A lista de respostas foi enorme! Entre elas estavam:

- Vício em usar o telefone celular
- Escutar atrás das portas
- Deixar projetos inacabados
- Roer unhas
- Fazer compras para se distrair
- Guardar entulhos
- Criticar a si mesmo
- Ver televisão demais
- Apertar o botão "soneca" do despertador
- Dirigir rápido demais

Introdução

Agora, imagine tentar quebrar todos esses hábitos de uma vez. Você acredita que terá êxito? Posso lhe garantir que não. Você ficará sobrecarregado com tantas coisas. Além disso, é preciso concentração e esforço para quebrar um hábito, e quanto mais antigo o hábito, mais impregnado em você ele está. Por essa razão, o primeiro passo é escolher um único hábito que você queira vencer. Se você começar a se esforçar para vencer um hábito menor, levará menos tempo para vencê-lo do que para vencer um hábito maior. Comece do menor. Vencer esse pequeno hábito irá encorajá-lo a lidar com outro hábito, um hábito que talvez seja um pouco mais difícil de quebrar. E essa vitória lhe dará mais entusiasmo e determinação para quebrar o próximo.

Não nos libertamos de um hábito atirando-o pela janela; é preciso fazê-lo descer a escada, degrau por degrau.

Mark Twain

Faça uma lista de todos os hábitos que você quer desenvolver e de todos os que deseja se livrar. Agora escolha um deles e use os princípios deste livro para ajudá-lo a fazer o que você quer, e parar de fazer o que você não quer. Se você se concentrar nos hábitos que deseja adquirir, um por um, eles acabarão fazendo parte de sua rotina. Se você se concentrar naqueles que deseja quebrar, com o tempo você conseguirá vencê-los, um por um. Mas se olhar para todos eles de uma vez, você provavelmente se sentirá sobrecarregado e será derrotado antes mesmo de começar. Trabalhar para realizar uma mudança é muito mais fácil se nos concentramos em um dia de cada vez, e focarmos nisso até darmos uma reviravolta na situação. Nunca se sinta desanimado por não ter obtido sucesso, mas sinta-se satisfeito por estar avançando na direção dele. O desânimo só vai minar a força de que você precisa — e que está em você — para conquistar a vitória no fim.

Devo admitir que estou muito empolgada, tanto por mim como escritora quanto por você como leitor, pois sei que ambos extrairemos grandes benefícios da leitura deste livro. Estou aguardando com grande expectativa a possibilidade de desenvolver hábitos melhores e oro para que você também esteja. O simples fato de ler este livro não trará o sucesso desejado, mas lhe dará as ferramentas necessárias para alcançá-lo, e espero que também desperte em você uma paixão pela mudança. E a paixão é como combustível para aviões a jato: depois que ela for despertada em você, nada poderá detê-lo!

CRIE BONS HÁBITOS

LIVRE-SE DOS MAUS HÁBITOS

CAPÍTULO

1

A Anatomia de um Hábito

Hábitos são coisas que aprendemos a fazer por meio da repetição e que, por fim, fazemos inconscientemente ou quase sem esforço. Primeiro formamos hábitos e depois eles nos formam. Somos resultado do que fazemos repetidamente. Não se engane pensando que você não pode evitar fazer algo, porque a verdade é que você pode fazer ou deixar de fazer qualquer coisa se realmente quiser. Pelo menos você pode fazer qualquer coisa que seja da vontade de Deus, e será sobre essas coisas que discutiremos neste livro.

Aprendi que me concentrar nas coisas boas que preciso e desejo fazer me ajuda a vencer, deixando de lado o que é mal e o que não quero fazer. Lemos na Bíblia, em Romanos 12:21, que vencemos o mal com o bem. Creio que essa deve ser uma das passagens bíblicas fundamentais para nós neste livro e para a jornada que estamos começando a trilhar. O outro versículo que quero pedir para você lembrar à medida que se esforça para atingir os seus objetivos está no livro de Gálatas.

Digo, porém: andem *e* vivam [habitualmente] no Espírito [Santo], [respondendo a Ele *e* sendo controlados *e* guiados pelo Espírito]; e então vocês certamente não gratificarão os anseios e desejos da carne (da natureza humana sem Deus).

Gálatas 5:16

Concentrar-se nas coisas más que você está fazendo nunca o ajudará a fazer as coisas boas que você deseja fazer. Essa é uma verdade bíblica muito importante. O bem tem mais poder do que o mal. As trevas são engolidas pela luz, e a morte é vencida pela vida. O que quer que Deus ofereça é sempre mais poderoso do que o desejo de Satanás para nós. O diabo quer que tenhamos maus hábitos, mas o desejo de Deus para nós é que sigamos o Espírito Santo e permitamos que Ele nos guie para a boa vida que Jesus morreu para desfrutarmos. E uma boa vida é uma vida com bons hábitos.

Um dos ingredientes para se desenvolver bons hábitos e quebrar os maus é focar no que você quer fazer e não no que quer deixar de fazer. Por exemplo, se você come demais e quer desenvolver hábitos alimentares equilibrados e saudáveis, não pense em comida o tempo todo! Não leia livros de culinária cheios de sobremesas lindas de dar água na boca, mas, em vez disso, leia um bom livro sobre nutrição que o ensine a fazer melhores escolhas alimentares. Ocupe-se com atividades que mantenham a sua mente longe da comida.

Se você quer desenvolver o hábito de se exercitar regularmente, não pense nem fale sobre o quanto isso é difícil, mas pense nos resultados que terá se for persistente. Sim, você terá de investir uma quantidade de tempo que talvez você pense não ter para gastar, e sim, você sentirá muita dor no início. Quando comecei a me exercitar com um *personal trainer* em 2006, aos sessenta e quatro anos, fiquei tão dolorida que tive a impressão de estar doente. E continuei a me sentir dolorida por algum tempo, tanto tempo que pareceu durar um ano. Para ser sincera, sempre havia uma parte do meu corpo que estava doendo! Finalmente cheguei ao ponto de gostar dessa sensação porque sabia o que ela significava: eu estava progredindo.

Se você quer quitar suas dívidas, não pense nem fale em todas as coisas que não poderá fazer e em todas as coisas que não poderá ter enquanto paga as suas contas. Em vez de pensar no lado negativo do seu objetivo, pense e fale em como será maravilhoso estar livre da tirania das dívidas esmagadoras.

Somos motivados por recompensas; portanto, se aguardar ansiosamente a recompensa, você terá a disposição necessária para continuar avançando em direção ao seu objetivo. Não se sabote antes mesmo de começar colocando a sua mente nas coisas erradas. Nós seguiremos a nossa mente para onde ela for; por essa razão, certifique-se de colocar os seus pensamentos no que você quer e não no que não quer.

A Repetição

A repetição é a chave para a formação de hábitos, sejam bons ou maus. Quando estiver trabalhando para desenvolver um bom hábito, é provável que você tenha de escrever bilhetes para si mesmo, lembrando-o de fazer a coisa boa que deseja. Peça ao Espírito Santo para lembrá-lo também. A Bíblia diz que Ele trará todas as coisas à nossa memória quando precisarmos delas (João 14:26).

Minha filha Sandra precisa de palavras de encorajamento. Essa é a linguagem de amor que ela entende — isso quer dizer que ela se sente amada quando é encorajada. Seu marido, Steve, não "fala essa língua"; por isso, no início do casamento, ele não tinha o hábito de encorajá-la verbalmente. Depois de alguns episódios de choro e de minha filha dizer a ele diversas vezes o quanto isso era importante para ela, ele começou a deixar bilhetes na agenda lembrando-o de encorajá-la e elogiá-la. Problema resolvido! Às vezes um mecanismo simples como preparar lembretes automáticos é a melhor maneira de criar um novo hábito.

Um homem me contou ter usado um elástico no pulso por um ano. Todas as vezes que ele se surpreendia roendo as unhas, ele esticava o elástico e deixava que ele o beliscasse para se lembrar de parar de roer as unhas. Fazer isso acabou dando certo, e ele parou de roer as unhas. Algumas pessoas colocam um líquido amargo nas unhas. Quando elas começam a roer as unhas inconscientemente, o gosto ruim as lembra de parar.

Nossos maus hábitos são nossos inimigos porque nos impedem de sermos a pessoa que queremos ser. Quando um inimigo está tentando destruí-lo, você precisa ser implacável. Deus estava conduzindo os israelitas para possuírem a terra que Ele havia lhes prometido, assim como Ele está nos conduzindo para a boa vida que nos prometeu. Muitas nações inimigas se levantaram contra eles, assim como o diabo se levanta contra nós. Deus disse aos israelitas para destruírem completamente as nações inimigas, não se aliançarem a elas e não demonstrarem misericórdia, e devemos fazer o mesmo com os maus hábitos que temos e que estão roubando o nosso destino (Deuteronômio 7:1-2). Seja implacável em relação aos maus hábitos e não tenha misericórdia deles. Encontre maneiras de ajudar a si mesmo a fazer as coisas boas que realmente deseja fazer.

É importante entender que os maus hábitos o impedem de alcançar o destino que Deus preordenou para você. Não pense: "Ah, é apenas um mau hábito, não é nada demais." Se pensar assim, é muito provável que você nunca trate desse hábito. Em vez disso, diga a si mesmo: "Este mau hábito é meu inimigo. Ele está roubando a qualidade de vida que Jesus quer que eu tenha, e não vou permitir sua permanência em minha vida."

Theresa tinha o mau hábito de apertar várias vezes o botão "soneca" do despertador, motivo pelo qual se atrasava constantemente para o trabalho. Ela precisava se livrar desse hábito ou provavelmente perderia o emprego, então colocou o despertador do outro lado do quarto para se obrigar a sair da cama para desligá-lo. Theresa foi além, puxando cobertas e lençóis para cobrir a cama e se lembrar de não voltar a se deitar. Fazendo essas coisas, ela estava agindo de forma radical não apenas em relação ao seu mau hábito, mas também em relação ao seu inimigo.

O marido de Rhonda tomava vários copos de leite integral todos os dias. Ela estava preocupada com a ingestão de gordura e com o colesterol de seu marido, então passou a acrescentar gradualmente leite desnatado à caixa de leite integral, até que finalmente seu marido estava bebendo somente leite desnatado. Ele agora diz que o leite integral tem um gosto estranho. Isso mostra como podemos, aos poucos, nos acostumar com alguma coisa que é melhor para nós, e nem sequer sentir falta do que fazíamos anteriormente e que não era bom para nós.

Carolyn tinha o hábito de comer glacê. Ela ficava sentada assistindo à tevê enquanto comia cobertura para bolo às colheradas — sem o bolo. Em uma noite, ela consumia 3.380 calorias de açúcar puro. Ela sabia que esse era um péssimo hábito, além de não ser saudável, então tomou medidas drásticas para parar. Ela pediu a seu marido que, caso ela levasse para casa algum pacote de cobertura para bolo, ele o jogasse no lixo. Mas isso não funcionou porque ela simplesmente vasculhava o lixo até encontrá-los. Por fim, ela pediu a ele para esvaziar as embalagens e enchê-las com detergente líquido. Agora ela não come mais glacê.

Reprograme-se

É impressionante o quanto o subconsciente é poderoso. Toda vez que você faz alguma coisa, o seu subconsciente a programa no seu cérebro. Quanto mais você faz aquilo, mais essa programação é estabelecida. Fico impressionada ao ver como é difícil fazer um exercício novo e o quanto ele se torna mais fácil cada vez que o realizo. Meu treinador me disse que não é porque sou fraca demais para fazer o exercício novo, mas porque minhas células precisam se acostumar a realizá-lo. Cada vez que faço um exercício novo, minhas células o gravam e na próxima vez ele se torna mais fácil. Deus nos criou de uma maneira impressionante, e Ele nos capacitou para alcançar a excelência nas melhores coisas que fazemos, repetindo-as vez após vez, até que elas se tornem parte de quem somos.

Tenho o mau hábito de jogar meus pincéis de maquiagem em uma gaveta depois de usá-los. Quando vou me maquiar no dia seguinte, fico frustrada porque tenho a impressão de que nunca consigo encontrar o pincel que quero. Então, agora, estou no processo de desenvolver um novo hábito. Para fazer isso, tive de desacelerar e concentrar a minha mente no que estou fazendo. Agora, quando uso os pincéis, dedico tempo para colocá-los onde sei que os encontrarei no dia seguinte. Estou fazendo isso apenas há três dias, mas no final de três ou quatro semanas isso será um hábito, e não terei de fazer o mesmo esforço que faço agora para me lembrar disso. Na verdade, creio que muitos dos nossos maus hábitos são simplesmente o resultado de fazermos as coisas apressadamente.

Algumas pessoas nunca prestam atenção ao que estão fazendo, de modo que elas quase nunca sabem onde estão as coisas de que precisam. Esse tipo de desorganização gera muita frustração, estresse e a perda de um tempo precioso. Com a repetição, você pode se tornar uma pessoa organizada na área que precisa. Lembre-se de que, embora seja, a princípio, algo difícil, se tornará mais fácil com o tempo. Desacelere, respire e realmente dedique tempo para pensar no que você está fazendo.

Charles Dickens disse: "Eu jamais poderia ter feito o que fiz sem os hábitos da pontualidade, ordem e diligência, sem a determinação para me concentrar em um assunto de cada vez." Deus deu a ele o incrível dom de contar histórias, mas ele ainda assim teve de desenvolver os bons hábitos da concentração, ordem e diligência para ser um bom administrador do seu talento.

Muitas pessoas são talentosas, mas não se importam em desenvolver bons hábitos. Elas não querem se disciplinar para fazer o que sabem que devem fazer, mas, em vez disso, esperam ser movidas por alguma força externa. Isso se chama passividade, e é uma enorme porta aberta para o diabo. Se não formos pessoas ativas, que buscam fazer o que é certo, será muito fácil para o diabo nos levar a fazer o que é errado.

Seja uma Pessoa Ativa

A Palavra de Deus nos encoraja a sermos pessoas ativas, e ao fazê-lo, fechamos a porta para a preguiça, a procrastinação e a passividade. Lembre-se de que se fizermos a coisa certa, não haverá espaço para a coisa errada. Não se concentre meramente em quebrar todos os seus maus hábitos; ao contrário, use a sua energia para ser alguém que desenvolve bons hábitos ativamente. Logo você descobrirá que não há espaço em sua vida para os hábitos ruins.

Não espere "sentir vontade" de fazer alguma coisa para fazê-la. Viva movido pela decisão, e não pela emoção. Aprendi por experiência própria que quanto mais fico sentada sem fazer nada, mais quero ficar sentada sem fazer nada, mas se eu me levanto e começo a me mexer, a energia começa a fluir. A atividade é como ligar um interruptor de luz. A energia está ali o tempo todo, mas ela não é ativada até que você aperte o interruptor. Temos sempre em nós o potencial para sermos pessoas ativas, mas nenhuma energia flui até realmente começarmos a nos mexer.

Há manhãs em que me sinto mole e tenho vontade de ficar sentada o dia inteiro, mas aprendi que depois da minha rotina de exercícios, eu me sinto cheia de energia, e isso me ajuda a me sentir motivada para me exercitar. Se você está se sentindo sem disposição, tente dar uma caminhada ou fazer algum outro tipo de atividade que faça o seu sangue circular. Não espere sentir vontade, simplesmente faça. Você é mais poderoso do que imagina. Deus lhe deu livre-arbítrio, e isso significa que você pode decidir fazer o que é certo e nada pode impedi-lo. Quando decidimos fazer as coisas do jeito de Deus, Ele sempre une Suas forças às nossas para nos dar a garantia de vitória.

Ao encerrarmos este capítulo, escolha um hábito que você deseja desenvolver e comece a colocar esses princípios em prática. Seja paciente consigo mesmo. É preciso tempo para criar hábitos, e talvez você não tenha êxito todos os dias. Se você perceber que falhou, não perca tempo ficando desanimado; simplesmente recomece de onde parou e siga em frente. Seja paciente consigo mesmo, porque ser duro demais com você toda vez que comete um erro é outro mau hábito que precisa ser quebrado.

CAPÍTULO 2

Comece Agora!

> Uma jornada de mil quilômetros
> começa com um passo.
>
> *Lao-Tsé*

O maior ladrão do sucesso é a procrastinação. Podemos pensar em fazer a coisa certa, planejar fazê-la e falar sobre fazê-la, mas nada mudará até que comecemos a fazer consistentemente o que precisa ser feito. Talvez você tenha tantos maus hábitos que se sinta esmagado por eles, e por isso nem tem certeza se quer ler o restante deste livro. Você *gostaria* de mudar, mas não tem certeza se quer *mudar*. Alguém disse: "Os maus hábitos são como uma cama confortável, na qual é fácil se deitar, mas da qual é difícil levantar." Bruce Barton disse: "Que fenômeno curioso é o fato de que os mesmos homens que estão dispostos a dar sua vida pela liberdade do mundo não queiram fazer o mínimo esforço necessário para libertar a si mesmos do próprio cativeiro pessoal."

Você está disposto a se sacrificar, escolhendo fazer agora o que é mais difícil, para mais tarde poder desfrutar uma vida de liberdade? A ironia é que geralmente não estamos dispostos a sofrer pelo curto período de tempo necessário para se fazer algo. E depois, além de termos de lidar com as consequências de termos adiado algo que levaria alguns minutos ou poucas horas, acabamos nos sentindo constantemente infelizes, culpados, amedrontados por não tê-lo feito. Em outras palavras, ao adiarmos a "dor" de fazer uma coisa difícil, geralmente gastamos muito *mais* tempo evitando essa mesma coisa do que levaríamos para simplesmente realizá-la.

Para mim, não há sensação melhor do que saber que estou fazendo o meu melhor, fazendo as melhores escolhas possíveis e progredindo de forma consistente em direção à vida melhor que Deus tem para mim. Ser medíocre não é agradável para mim, e duvido que seja para você também. Você pode ter se acostumado a isso e se esquecido de que existe algo melhor, mas esse é um grito de alerta, convocando você a se levantar e fazer uso de todo o seu potencial. O melhor momento para começar é agora!

Podemos nos tornar extremamente dependentes dos nossos pequenos hábitos e ter dificuldade em abrir mão deles, ainda que eles sejam prejudiciais. Todos temos bons e maus hábitos, mas Benjamin Franklin disse: "O que você deixará de valor para este mundo é geralmente determinado pelo que resta depois que os seus maus hábitos são subtraídos dos bons." Comece agora mesmo a desenvolver todos os bons hábitos que puder. Logo eles excederão os maus, e o valor que você tem para si mesmo, para a sua família, para seus amigos e para a sociedade aumentará exponencialmente.

Derrote a Procrastinação

> A maneira de se começar alguma coisa é parar de falar e começar a fazer.
>
> *Walt Disney*

A procrastinação é uma grande enganadora. Ela nos torna complacentes, convencendo-nos de que *faremos* a coisa certa no futuro. Ela justifica a passividade. Certa vez, ouvi uma história sobre três demônios que estavam se formando no curso sobre como enganar as pessoas no mundo e impedi-las de conhecer a Deus. Satanás estava questionando cada demônio, e ele perguntou a cada um deles como enganariam as pessoas. O primeiro respondeu que ele diria às pessoas que não havia um Deus. Satanás respondeu: "Você não vai enganar muitos, porque bem lá no íntimo a maioria das pessoas acredita que Deus existe, mesmo que elas não tenham se decidido a segui-lo." O segundo demônio disse que ele diria às pessoas que o céu e o inferno não existiam realmente. Satanás disse: "Você enganará algumas pessoas a mais do que seu colega, mas também não conseguirá muitas almas." O terceiro demônio disse que ele diria às pessoas que não há pressa, e que elas podiam adiar a decisão de seguir a Deus para outro momento. Satanás ficou empolgado e disse em voz alta: "Você vai conseguir muitas almas para o reino das trevas simplesmente dizendo a elas para tomarem a decisão mais tarde." Nunca me esqueci dessa história, embora eu a tenha ouvido há aproximadamente vinte anos.

A procrastinação é um ladrão. Ela rouba o nosso tempo, o nosso potencial, a nossa autoestima, a nossa paz de espírito. É como o sussurrar de uma canção de ninar que diz: "Vá dormir, vai ficar tudo bem." Mas não vai ficar tudo bem se adiarmos o que precisamos fazer. As coisas não vão se resolver sozinhas! Elas não vão desaparecer. A procrastinação é uma grande enganadora, e só podemos vencê-la nos tornando o que chamo de "uma pessoa que age agora". Seja determinado quando souber que precisa fazer algo. Não adie nem continue adiando o que precisa fazer... Simplesmente faça!

Estou sentada em meu quarto esta manhã trabalhando neste livro. Há alguns minutos, olhei para minha cama, que ainda estava desfeita. Levantei-me para pegar alguma coisa, e quando passei pela cama pensei em arrumá-la e depois pensei: "Ah, faço isso mais tarde." Eu poderia ter deixado para depois, mas me conheço suficientemente bem para saber que me incomodaria olhar para a cama desarrumada ao longo do dia. Reconheço a importância de fazer o que preciso fazer imediatamente, então derrotei a procrastinação simplesmente dedicando alguns minutos para fazer a cama. Agora me sinto melhor comigo mesma e com a aparência do meu quarto, e posso voltar ao trabalho.

Quando adiamos as coisas, elas nos irritam. Podemos nem ter consciência disso, mas os projetos inacabados fazem com que nos sintamos pressionados. Se você andar pela casa e observar pratos na pia, roupa suja no chão, latas de lixo cheias até o topo, camas desfeitas, todas as prateleiras cheias de pilhas altas de correspondências que precisam ser abertas, tenho certeza de que isso faz com que você se sinta pressionado de algum modo. Você pode até ficar mal-humorado e começar a discutir com outra pessoa só porque se sente sobrecarregado. Quando colocamos a culpa em outra pessoa, isso desvia a nossa atenção da maneira como nos sentimos em relação a nós mesmos. A procrastinação nunca faz com que nos sintamos bem.

Se a grama precisa ser cortada, as ervas daninhas precisam ser arrancadas, o carro precisa ser lavado, o óleo precisa ser trocado e a garagem está uma bagunça, isso faz com que você se sinta pressionado.

Você pode reclamar da bagunça ou pode parar de procrastinar e entrar em ação — fazendo uma coisa de cada vez — para colocar sua casa em ordem. Deus certamente é um Deus de ordem e organização. Alguns dos detalhes registrados na Bíblia sobre a construção da Arca e do Templo me parecem simplesmente impressionantes. Deus garantiu que tudo fosse feito da melhor e mais organizada maneira possível. O caos nos deixa confusos, e Deus não é o autor da confusão, mas da ordem e da paz (1 Coríntios 14:33).

Vou contar a história de uma mulher que tinha um único mau hábito. Ellen era uma mulher calorosa, generosa, extremamente inteligente e talentosa. Seu marido, seus filhos e seus netos a amavam. Os colegas da escola primária onde ela era professora se maravilhavam com o seu relacionamento com as crianças pequenas na sala de aula e com a sua capacidade de transmitir a elas o amor pelo aprendizado. Ela era muito próxima dos pais dos alunos e valorizava suas amizades. Ellen estava tão ocupada cuidando de todas essas coisas que ficava muito pouco tempo em casa, e quando estava em casa, ela estava exausta.

Um dia, após o trabalho, ela recolheu a correspondência e simplesmente colocou-a em uma pilha sobre sua escrivaninha. Ela não estava com vontade de tratar daquilo naquele momento; a correspondência podia esperar para o dia seguinte. Ela precisava terminar de fechar as notas de seus alunos para aquele ano, o que lhe exigiria algumas horas. Mas Ellen tinha duas semanas para entregar as notas, então decidiu desfrutar de um momento de ócio bem merecido e assistir a um filme. Seus netos iriam chegar para uma visita de uma semana durante as férias da primavera, que começariam dentro de alguns dias. A casa estava uma bagunça, mas ela ainda tinha o fim de semana para limpá-la e prepará-la para a visita. Ellen havia prometido a seu marido que cuidaria da renovação do documento de seus carros, que venceriam dentro de alguns dias. A última notificação de vencimento estava na pilha de correspondência que ela havia deixado sobre a escrivaninha.

Na noite seguinte, Ellen chegou em casa tão cansada quanto na noite anterior. Então ela jogou a correspondência do dia na escrivaninha e foi para a cozinha preparar o jantar. Depois da refeição, a noite voou enquanto ela retornava ligações de amigos e via um pouco de tevê. Um dia se seguiu a outro... Enquanto isso, as coisas pequenas se empilhavam esperando pela atenção de Ellen.

Não houve nenhum grande motivo que explicasse o fato de a vida de Ellen ter se tornado mais difícil e infeliz. Foi apenas a soma de muitas pequenas tarefas e responsabilidades que ela havia adiado. Tarefas como pagar as contas em dia, limpar a casa, entregar as notas dos alunos com diligência e dentro do prazo — nenhuma delas de grande importância.

Talvez você consiga imaginar o final dessa história. Contas empilhadas e sem ser pagas. Havia dinheiro suficiente na conta do casal para pagar por elas — Ellen simplesmente não gostava de cumprir essa tarefa. Eventualmente os juros se acumularam e, por fim, a maioria dos cartões foi cancelada por inadimplência. Ellen era uma ótima professora, mas entregava as notas sempre com atraso. Quando sua escola teve de cortar custos, escolheu dispensá-la. Você se lembra daquele documento do carro que Ellen teria de renovar? Ela esqueceu. O resultado foi que ela e seu marido não puderam levar os netos para fazer a viagem que haviam planejado... Os documentos vencidos fizeram com que os carros continuassem guardados na garagem naquela semana.

Ellen só tinha um mau hábito. Mas esse único hábito, a procrastinação, criou tantos pequenos problemas que eles finalmente resultaram em grandes problemas.

Você pode desenvolver o hábito de ser uma pessoa do tipo que age "agora", uma pessoa que faz o que precisa ser feito logo que possível. Todas as pessoas bem-sucedidas de verdade têm esse hábito. Não alcançamos o sucesso adiando as coisas. Eis algumas citações sobre a procrastinação que creio ser especialmente úteis:

- "A procrastinação é como um cartão de crédito: ele é ótimo, até você receber a conta" (Christopher Parker).
- "Há muitas coisas que gostaríamos de ter feito ontem, e poucas que sentimos vontade de fazer hoje" (Mignon McLaughlin).
- "Se você tem objetivos e procrastinação, você não tem nada. Se você tem objetivos e toma atitudes, você terá qualquer coisa que quiser" (Thomas J. Vilord).
- "A procrastinação sequestra as almas, ela é o agente de recrutamento do inferno" (Edward Irving).
- "A procrastinação é a semente da autodestruição" (Matthew Burton).
- "Quando tiver de subir uma colina, não pense que esperar a tornará menor" (autor desconhecido).
- "A procrastinação é um suicídio à prestação" (autor desconhecido).

A Fé Vive no Presente

Como crentes em Jesus Cristo, aprendemos que recebemos tudo que precisamos de Deus por meio da fé. Hoje é o momento de se ter fé! Fé é confiar, no dia de hoje, que Deus cuidará do ontem e do amanhã. Somos justificados e feitos retos diante de Deus somente por meio da fé, mas o apóstolo Tiago nos diz que a fé sem obras é morta.

> Do mesmo modo também a fé, se não tiver obras (feitos e atos de obediência para lhe servir de respaldo), por si mesma é destituída de poder (inoperante, morta).
>
> Tiago 2:17

Provavelmente existem milhares de pessoas que acreditam ter uma grande fé; no entanto, elas procrastinam o tempo todo. Procrastinar não é ter fé, porque a verdadeira fé requer ação. É verdade que às vezes fé é esperar que Deus opere, mas na maior parte do tempo a fé precisa se manifestar em ações, demonstrando obediência quando Deus fala.

Não precisamos esperar por uma palavra especial da parte de Deus nos dizendo o que fazer. Na Bíblia, Deus já nos deu boa parte das instruções de que precisamos para viver. Quando percebi que minha cama estava desfeita, não precisei de uma palavra especial da parte de Deus para saber que a melhor coisa a se fazer era arrumá-la. A única coisa que eu precisava fazer era obedecer.

Entendo que alguns de vocês podem ter maus hábitos graves, e talvez estejam pensando que o meu exemplo de uma cama desfeita não tem qualquer importância. Entretanto, sou da opinião que se estivermos dispostos a obedecer e a tomar as atitudes necessárias nos detalhes, teremos menos problemas com projetos de vida maiores.

Deixe-me tentar ajudá-lo usando exemplos da minha vida em que a procrastinação gerou problemas enormes. Por exemplo, senti dores nas costas por muitos anos, mas elas não eram graves a ponto de me atrapalhar no meu dia a dia. Os amigos e a família me diziam com frequência que eu precisava ir a um médico ou quiroprático, mas eu procrastinava essa visita ano após ano. Finalmente, uma manhã, não consegui andar quando me levantei da cama e não tive escolha a não ser marcar uma consulta de emergência com um quiroprático. Minha coluna estava inflamada, e eu estava sofrendo de degeneração em um dos discos. A dor é um sinal de que alguma coisa está errada e precisa de atenção, e quando a ignoramos, apenas complicamos o problema. Se tivesse cuidado da minha coluna e procurado a opinião de um especialista logo quando a dor surgiu, talvez tivesse sido poupada de muita dor e centenas de horas do meu tempo gastas em consultas médicas ao longo dos anos. Lembre-se de que a procrastinação parece uma boa ideia, até depararmos com a realidade.

Lembro que certa vez um dentista me disse: "Precisamos que você comece a vir ao consultório para fazer limpezas e *checkups* periódicos, assim não precisaremos marcar consultas de emergência por causa de dores de dente." Ele me lembrou do fato de que ele só me via quando eu tinha alguma emergência, o que não era justo com ele porque as minhas emergências complicavam ainda mais a sua agenda, que já era bastante cheia. E não apenas isso, mas a minha procrastinação acabava me custando caro. Afinal, é menos doloroso — e menos dispendioso — fazer uma obturação do que um canal.

Minha desculpa para procrastinar era estar ocupada. Isso lhe soa familiar? Quando nos recusamos a usar o nosso tempo para fazer as coisas que precisamos fazer, sempre acabamos perdendo tempo cuidando das emergências e do caos que criamos ao procrastinar.

Espero que você tenha escolhido um bom hábito que queira desenvolver e um mau hábito que queira quebrar. AGORA é a hora de começar! Enquanto escrevo este livro, estamos na época das festas de Natal e Ano-novo, e ouvi várias pessoas falarem a respeito do que irão fazer assim que as festas terminarem. Elas vão perder peso, começar a se exercitar, organizar a vida, e outras coisas do gênero. Algumas delas talvez se mantenham fiéis aos seus propósitos, mas, sinceramente, sei de antemão que a maioria delas não o fará. Elas são procrastinadoras, e pessoas que procrastinam hoje encontrarão um motivo para fazer o mesmo amanhã.

Iniciei o meu atual programa de exercícios e dieta em 23 de dezembro de 2006, e Deus tem me dado graça para prosseguir. Meu treinador disse que eu tinha de começar o programa me abstendo de açúcar por vinte e um dias, e ele me passou uma dieta com a finalidade específica de dar um choque no meu corpo e reconfigurar o meu metabolismo. Lembro-me de que as pessoas me perguntavam por que raios eu havia iniciado um programa como aquele na véspera de Natal. Fiz isso porque pensei que se pudesse fazer isso durante o período do ano em que somos mais estimulados a comer, certamente eu poderia fazê-lo durante o restante do ano. Não é sábio esperar até um momento que lhe pareça conveniente para começar qualquer tarefa. Um caráter sólido não é desenvolvido ao fazermos o que é fácil e conveniente, mas ao fazermos AGORA o que precisa ser feito, não importa o quanto seja difícil.

Anime-se com a Ideia de Fazer Conquistas

Todos aqueles que receberam Jesus como seu Senhor e Salvador têm o Seu Espírito neles, e o Seu Espírito é o Espírito de um vencedor. Jesus é um guerreiro poderoso, e Ele não nos chamou para sermos pessoas sem ânimo ou sem vigor. Não tenha medo de nada, em vez disso, vença todos os seus medos. Quanto mais tempo passamos adiando alguma coisa e pensando nela, mais transformamos o que não passa de um montinho de terra em uma montanha. Quando somos pessoas de ação, não damos ao diabo tempo para exagerar a realidade enfrentada por nós. Não tenha medo de desenvolver e quebrar hábitos, mas sinta-se entusiasmado com o desafio que está diante de você. Eu sinceramente não quero viver sem objetivos, e quando atinjo um, aguardo ansiosamente pelo próximo. Nem sempre gosto do trabalho que isso envolve, mas amo, simplesmente amo, os resultados e a sensação de vitória e realização. Creio que você também vai sentir o mesmo. Já ouvi pessoas dizerem: "Sou simplesmente um procrastinador", como se isso as definisse. Mas o que nos define é: somos filhos de Deus, coerdeiros com Cristo, cheios do Espírito Santo, ungidos por Deus, com dons, talentos e capazes de fazer qualquer coisa que precisarmos fazer na vida através de Cristo (Filipenses 4:13).

Se você se subestima e acha que não passa de um mero procrastinador, você realmente é digno de pena. Eu o encorajo a ter uma nova atitude, a atitude de guerreiro e vencedor. Aguarde com expectativa o momento de escalar montanhas. Calebe pediu uma montanha quando tinha oitenta anos! (Ver Josué 14:12) Por que não? Ele sabia que se Deus estava com ele, ele podia fazer grandes coisas.

Parabéns! Você ainda está lendo este livro, isso significa que você está no caminho certo para desenvolver bons hábitos e livrar-se dos maus. Escolha algo para começar a fazer hoje. Fique firme até ter vitória, e depois escolha outra coisa e repita o processo. Não pare até desenvolver os hábitos que deseja ter.

CAPÍTULO
3
Comportamento 1: O Bom Hábito

> Então saiu e, segundo o Seu costume, foi para o Monte das Oliveiras; e os discípulos o seguiam.
>
> Lucas 22:39

Jesus não tinha o hábito de ir ao Monte das Oliveiras porque gostava de escalar montanhas. Ele ia lá para orar. Observe que esse era um *hábito* de Jesus. Ao percorrer os textos da Bíblia, você descobrirá que todos os grandes homens e mulheres de Deus tinham hábitos semelhantes. Todos eles sabiam o quanto é importante passar tempo com Deus. A Bíblia diz que Enoque andava com Deus habitualmente "e ele não apareceu mais, porquanto Deus o tomou" (Gênesis 5:24). Esse foi um homem que desenvolveu um relacionamento tão íntimo com Deus que o mundo não pôde mais retê-lo. Enoque havia desenvolvido o que chamarei reverentemente de "o hábito de Deus".

Jesus estava prestes a passar por um dos momentos mais difíceis de Sua vida na Terra. O momento do Seu sofrimento e da Sua morte estava próximo. Ele sabia que precisava de força e sabia onde encontrá-la. Era Seu hábito, Sua reação instintiva, não apenas na tribulação, mas a qualquer momento, passar tempo com Seu Pai celestial. Se você é como eu já fui um dia, e só procura Deus quando tem uma emergência, então posso lhe dizer que embora Ele não esteja zangado com você, Deus não está satisfeito. Você gostaria que seus amigos ou seus filhos só o procurassem ou falassem com você quando precisassem da sua ajuda? Você não gostaria nada disso, e Deus também não gosta.

O hábito de Deus é o primeiro sobre o qual gostaria de falar, porque sem o hábito de passar tempo com Deus em oração e estudando a Sua Palavra, seremos incapazes de desenvolver qualquer outro bom hábito, e os maus hábitos nos dominarão e governarão nossa vida. Buscar a Deus e passar tempo com Ele é a nossa necessidade primordial.

> O SENHOR disse: "Busque a Minha face [procure por ela e exija a Minha presença como a sua necessidade vital]. O meu coração lhe diz: a Sua face (a Sua presença), SENHOR, buscarei, perguntarei por ela *e* a exigirei [por necessidade e com base na autoridade da Tua Palavra]."
>
> *Salmos 27:8*

A ajuda e a presença de Deus em nossa vida é primordial. Ele é o Autor de todo verdadeiro sucesso e de tudo que é bom e, sem Ele, não podemos fazer nada de real valor. Você está dedicando tempo a Deus, pedindo Sua ajuda antes de começar o seu dia, de tomar decisões, ou de iniciar qualquer empreendimento? Desenvolva o hábito de reconhecer Deus em todos os seus caminhos e Ele dirigirá os seus passos (Provérbios 3:6). Em geral, estamos acostumados a tomar as próprias decisões e a tentar fazer com que as coisas que queremos aconteçam com a força do nosso braço, mas esse é um hábito realmente ruim que precisa ser quebrado. Reconhecer Deus em todos os seus caminhos talvez seja o primeiro e o mais importante hábito que você deve desenvolver.

Conheci algumas pessoas com grande força de vontade e que desenvolveram alguns bons hábitos por meio da disciplina, mas isso não significa que elas são bem-sucedidas de verdade. Sou muito determinada e isso tem sido um benefício para mim, mas aprendi que a nossa força de vontade nos leva apenas até certo ponto, e que todos nós descobriremos, mais cedo ou mais tarde, que precisamos de Deus.

A Administração do Tempo

Fizemos uma pequena pesquisa em nosso escritório sobre alguns dos hábitos que as pessoas querem desenvolver e quais elas desejam quebrar, e bem no topo da lista estava: "Quero desenvolver o hábito de passar mais tempo com Deus." Todos temos a mesma quantidade de tempo disponível todos os dias, mas algumas pessoas encontram regularmente tempo para passar com Deus, enquanto outras nunca o fazem. Dizer que não temos tempo livre para dedicar a Deus é simplesmente uma desculpa. A verdade é que se passarmos tempo com Deus, Ele multiplicará o que nos resta — como o garotinho com os pães e os peixes (João 6) — e acabaremos tendo mais tempo do que teríamos se deixássemos Deus fora da nossa agenda.

A verdade é que, neste instante, você está tão próximo de Deus quanto deseja estar. Nós colhemos o que plantamos, e se queremos ter uma colheita maior, então precisamos simplesmente plantar mais sementes. Se quisermos ter um relacionamento mais íntimo com Deus, precisamos passar mais tempo com Ele.

Minha neta, que tem dez anos, perguntou-me recentemente como ela podia passar mais tempo com Deus, já que ela está sempre muito ocupada com a vida escolar e com todas as suas atividades. Achei isso realmente uma graça. Se ela acha que está ocupada agora, não posso nem imaginar o que ela pensará quando sua vida realmente estiver a pleno vapor. Ela tem o péssimo hábito de ficar irritada pela manhã e quer vencer isso, então eu lhe disse que a melhor coisa a fazer é sair da cama e passar os primeiros cinco minutos com Deus. Achei que cinco minutos seriam um começo, e se você ainda não desenvolveu esse hábito tão importante, pode ser um bom começo para você também. Um pequeno começo é melhor que nenhum começo.

Precisamos de Deus, e não temos valor algum sem Ele. Ele disse: "Se vocês Me buscarem, vocês Me encontrarão" (Jeremias 29:13). Ele está esperando que clamemos por Ele e falemos com Ele sobre cada aspecto da nossa vida. Deus deseja nos ouvir dizer que precisamos dele, que o amamos e que Ele é uma necessidade vital para nós.

Coloque o Mais Importante em Primeiro Lugar

Como podemos esperar ter uma vida organizada se não sabemos estabelecer prioridades? Tentei por muitos anos encaixar Deus na minha agenda, e o diabo se certificava de que eu nunca encontrasse tempo para isso. Todas as noites eu me sentia culpada porque mais uma vez havia falhado em minha tentativa de passar tempo com Deus, e eu sempre prometia a mim mesma que no dia seguinte seria diferente, mas infelizmente o que havia acontecido no dia anterior se repetia. Eu tinha boas intenções, mas a procrastinação sempre levava a melhor. Eu sempre dizia que precisava resolver "só mais um assunto pendente" antes de passar tempo com Deus.

Pouca coisa estava dando certo na minha vida ou no meu ministério. Eu me sentia frustrada na maior parte do tempo por causa de uma coisa ou outra e tinha a sensação de que qualquer progresso acontecia no ritmo de uma lesma! Sou grata ao dizer que Deus finalmente veio em meu socorro, e aprendi a organizar meus compromissos colocando Deus em primeiro lugar, em vez de tentar encaixá-lo na minha agenda.

Jesus falou sobre isso claramente:

> Vinde a Mim, todos vocês que estão cansados e sobrecarregados, e Eu lhes darei descanso. [Eu tranquilizarei, aliviarei e renovarei as suas almas.]
>
> *Mateus 11:28*

A resposta para o meu problema era simples, e para o seu também é. Venha para Jesus! Dedique, em primeiro lugar, a cada dia, tempo para se comunicar com o seu Pai no céu que o ama e quer estar envolvido em tudo o que você faz. Você talvez não tenha muito tempo para passar com Deus pela manhã, mas não dedicar tempo algum a Ele é trágico e insultante. Devemos dar a Ele muito do nosso tempo todos os dias, mas quando fazer isso é assunto seu. Pode ser na hora do almoço ou à noite, mas, por favor, não o ignore! O meu estilo de vida me permite fazer o próprio horário, então passo a primeira parte de cada manhã com Deus, mas não cabe a mim dizer-lhe como você deve organizar a sua vida espiritual. Posso dizer, no entanto, que acredito e sou capaz de provar biblicamente que buscar o Senhor logo cedo, pela manhã, é uma atitude sábia. Ainda que você não possa passar tempo com Deus assim que se levanta, pelo menos dedique um tempo para dizer: "Bom dia, Senhor. Eu Te amo. Obrigado por tudo que Tu fazes por mim. Preciso de Ti. Por favor, ajuda-me hoje."

> Pela manhã Tu ouves a minha voz, ó SENHOR; pela manhã preparo [uma oração, um sacrifício] para Ti e vigio e espero [que Tu fales ao meu coração].
>
> *Salmos 5:3*

Maria Madalena foi a primeira a ver Jesus depois de Sua ressurreição, mas ela também foi aquela que foi ao túmulo cedo pela manhã (João 20:1). Os outros discípulos ficaram na cama, mas Maria levantou-se cedo e foi procurar pelo seu Senhor.

Preciso de muita ajuda de Deus e a recebo constantemente, e ter o seguinte versículo bíblico como uma diretriz para a minha vida ajudou-me incrivelmente.

> Deus está no meio dela; não será abalada; Deus a ajudará bem cedo [ao romper a manhã].
>
> *Salmos 46:5*

Eu poderia citar muitos outros versículos bíblicos para defender o meu ponto de vista, mas creio que você já entendeu o que estou tentando dizer. *Quanto antes melhor* deve ser o nosso lema no que se refere a fazer contato com Deus. De fato, *quanto antes melhor* é um princípio que deveria ser aplicado a muitas áreas da nossa vida.

Outro sábio conselho que tem sido útil para mim é: *não deixe de fazer algo simplesmente porque não tem muito tempo disponível.* Se você quer desenvolver o hábito de passar tempo com Deus, comece aos poucos e vá progredindo. Às vezes somos derrotados porque tentamos começar de um ponto que deveria ser, na verdade, o nosso objetivo final, ou tentamos fazer o que outra pessoa, que tem quarenta anos de experiência com Deus, está fazendo.

Não creio que Deus fique contando os minutos e as horas que passamos com Ele, e eu pessoalmente desisti de pensar assim há muito tempo. Se eu passar muito tempo com Deus e ficar controlando esse tempo mentalmente, corro o risco de dar lugar ao orgulho, e se eu passar um tempo que acredito não ser o suficiente me sentirei culpada, e nem o orgulho nem a culpa poderão ajudar na minha caminhada com Deus. Simplesmente passo com Ele a quantidade de tempo que preciso a cada dia. Para mim é como comer. Paro quando estou satisfeita, e às vezes preciso comer mais que outras vezes.

Não quero lhe dar um programa para seguir; só quero encorajá-lo a desenvolver o hábito de colocar Deus em primeiro lugar em tudo que você fizer. Se você buscar primeiro o Seu Reino, Ele acrescentará todas as outras coisas de que você precisa (Mateus 6:33).

Adquira o Hábito de Deus

Eu tenho o hábito de Deus, e posso afirmar que é o hábito mais importante de todos. A Palavra de Deus nos ensina que sem Ele nada podemos fazer; portanto, desenvolver o hábito de colocá-lo em primeiro lugar deve ser uma prioridade. Talvez você esteja vivendo um momento em sua vida no qual se sente pronto para criar esse hábito, se assim for, então você está vivendo o momento ideal. Na verdade, quero encorajá-lo a mergulhar de cabeça até que Deus se torne um vício para você. Coloque-o acima de todas as outras coisas. Torne-se totalmente dependente da direção e da presença dele em sua vida. Se tentasse começar meu dia sem buscar a Deus, eu me sentiria como alguns se sentem quando tentam começar o dia sem açúcar ou cafeína. Sou viciada em Deus! Desperdicei muitos anos não colocando Deus em primeiro lugar e, quando olho para trás, aqueles foram os anos mais infelizes da minha vida. Deus e as coisas boas andam lado a lado, de modo que se quisermos ter uma boa vida da qual possamos desfrutar, precisamos ter o hábito de Deus.

Na lei do Antigo Testamento, quando os israelitas saíam para a batalha, eles tinham de se certificar de que a Arca da Aliança que levava a presença de Deus sempre fosse à frente deles. Por isso, os israelitas venciam a maioria de suas batalhas. Houve um momento, porém, em que Davi tentou colocar a Arca em um carro de boi, fazendo com que alguns homens a guiassem puxando-a atrás deles. O resultado foi desastroso (ver 1 Crônicas 13). *A mensagem aqui é clara: se Deus vier em primeiro lugar, seremos vencedores na vida, mas se Ele não está lá, não há porque achar que as coisas vão dar certo.* Billy Graham disse: "O céu está cheio de respostas para perguntas que ninguém nunca se incomodou em fazer." Comece a pedir e a receber, para que a sua alegria seja completa (João 16:24).

Felizmente, agora nós passamos a ser a Arca — a casa de Deus. Ele vive dentro do coração daqueles que creem em Jesus. Não precisamos sair para procurá-lo, porque Ele está sempre por perto. Só precisamos prestar atenção nele. Eu não gostaria de morar na casa de alguém que me ignorasse na maior parte do tempo, e não creio que Deus goste disso também.

Para mim, é impressionante o fato de Deus ter escolhido fazer do nosso coração o Seu lar. É uma ideia linda e um tremendo privilégio, por essa razão devemos desenvolver o hábito de conversar constantemente com Ele. Se espiritualizar demais a oração, você corre o risco de não orar. Lembre-se de que orar é simplesmente falar com Deus, adorá-lo e louvá-lo, e ser grato em todo o tempo.

O Hábito da Palavra

É impossível desenvolver o hábito de Deus se não temos o hábito da Palavra. Deus e a Sua Palavra estão sempre interligados. Jesus é a Palavra que se fez carne e que veio habitar entre nós.

> E o Verbo (Cristo) se fez carne (humano, encarnado) e tabernaculou (fixou a Sua tenda de carne, viveu por algum tempo) entre nós; e nós [realmente] vimos a Sua glória...
> *João 1:14*

Não podemos conhecer Deus fora da Sua Palavra, por isso precisamos ser comprometidos em estudá-la, em meditar nela e em fazer dela a base de tudo o que fazemos. A Palavra de Deus é a verdade e ela nos mostra o modo como devemos viver. O Salmo 119 contém 176 versículos, e todos eles nos ensinam a importância vital de ouvir, meditar, amar e receber a Palavra de Deus, e obedecer a ela.

> A Tua Palavra escondi em meu coração, para eu não pecar contra Ti.
> *Salmos 119:11*

> Isto tenho tido [como o dom da Tua graça e como minha recompensa]: que tenho guardado os Teus preceitos [ouvindo-os, recebendo-os, amando-os e obedecendo-os].
> *Salmos 119:56*

> Ó, como amo a Tua lei! Ela é a minha meditação todo o dia.
>
> *Salmos 119:97*

Podemos criar o hábito de estudar a Palavra de Deus da mesma forma que desenvolvemos todos os outros bons hábitos. Precisamos nos esforçar um pouco no início e continuar firmes até que fazer isso se torne um hábito para nós. No fim, estudar a Palavra se transformará em algo que fazemos habitualmente, com pouco ou nenhum esforço. Você pode começar firmando o compromisso de ler a Palavra de Deus (a Bíblia) quinze minutos por dia. Faça isso por duas semanas e depois aumente mais alguns minutos a cada semana, até chegar ao objetivo desejado. Depois de algum tempo, você não precisará estabelecer a quantidade de tempo que pretende usar para ler a Bíblia, ao contrário, você provavelmente terá de se disciplinar para parar de ler a fim de poder cuidar de outras coisas.

Também sugiro que você tenha um diário ou um computador perto de você, e à medida que for lendo ou quando tiver terminado, faça anotações a respeito das coisas que aprendeu com a sua leitura. Isso nos ajuda a reter o conhecimento que recebemos. Você pode se beneficiar ainda mais se pensar (meditar) no que aprendeu ao longo do dia, ou falar com alguém sobre isso. Você também pode falar o que aprendeu em voz alta durante os momentos em que estiver sozinho, apenas para ajudá-lo a aprofundar o seu conhecimento e a sua memória.

> Com os meus lábios declarei e recontei todas as ordenanças da Tua boca.
>
> *Salmos 119:13*

Comportamento 1: O Bom Hábito

Comece com trechos da Bíblia que você possa compreender facilmente. A maioria das pessoas acha que o Novo Testamento é mais fácil de entender do que algumas partes do Antigo Testamento. Frequentemente o evangelho de João é sugerido como um bom ponto de partida. Salmos e Provérbios também são muito práticos e de fácil compreensão, por isso são também um bom lugar para começar. Por fim, você poderá ir mais longe, passando a ler e entender toda a Palavra de Deus.

Por meio do conhecimento da Palavra de Deus você aprenderá a conhecê-lo. Aprenderá sobre o Seu caráter e os Seus caminhos, sobre o quanto Ele o ama e sobre o plano maravilhoso que Ele tem para a sua vida.

No momento que a Palavra de Deus tiver criado raízes profundas no seu coração, ela lhe dará direção quando você estiver em situações em que precisa de sabedoria.

Muitos anos antes de me comprometer em estudar diligentemente a Palavra de Deus, eu já frequentava a igreja e acreditava que Cristo era meu Salvador. Posso dizer honestamente que durante aqueles anos tive pouquíssimo crescimento espiritual, se é que tive algum. Passava a maior parte do tempo infeliz e frustrada — não demonstrava um comportamento compatível com o de alguém que dizia ser um cristão. A Palavra de Deus é o nosso alimento espiritual; sem ela não podemos crescer e ficar fortes no Senhor.

Comece agora a desenvolver o hábito da Palavra e deixe que ela seja uma das partes mais importantes do seu "hábito de Deus"!

Cuidado com o "Compartimento Religioso"

Não divida a sua vida em dois compartimentos, separando as coisas entre o que é sagrado e o que é secular. Você não pode manter Deus em um compartimento e governar o restante da sua vida por conta própria. Durante muitos anos, tive um "compartimento religioso". Eu ia à igreja aos domingos. Às vezes, por obrigação, eu lia um capítulo da Bíblia à noite, e depois fazia uma oração muito curta e geralmente inexpressiva. Não é de se admirar que a minha vida fosse um desastre. Como já disse anteriormente, eu era uma cristã infeliz, miserável, frustrada e carente de realização. Sim, foi isso mesmo que eu disse, eu era cristã! Eu acreditava em Jesus e o havia recebido como meu Salvador. Entendia que a salvação se dá exclusivamente pela graça e estava profundamente arrependida pelos meus pecados. O problema é que eu só convidava Deus para entrar na minha vida no domingo de manhã e em situações extremas de emergências. Eu não tinha o hábito de ler a Palavra ou o hábito de buscar a Deus. Eu estava triste, mas Ele provavelmente estava ainda mais triste porque tinha de me ver sendo infeliz enquanto a ajuda dele estava à minha disposição, eu apenas precisava pedir. Estava infeliz porque não permitia que Deus tivesse acesso à minha vida como um todo. Quando eu o fiz, tudo em minha vida mudou para melhor.

"Nada tendes, porque não pedis" (Tiago 4:2). Comece a falar com Deus sobre tudo o que você faz. Convide-o para participar de suas atividades, e se o que você faz e os lugares que frequenta não são adequados para Deus, então pare de fazer isso!

Bem, talvez você esteja agora pisando no freio, porque sabe que possivelmente terá de fazer algumas mudanças no seu estilo de vida se tomar essa decisão. Mas essas coisas às quais você pode querer se agarrar são justamente o que estão roubando a sua paz e a sua alegria, portanto diga adeus a elas e siga em frente com o plano de Deus para a sua vida.

Comportamento 1: O Bom Hábito

Se você desenvolver o hábito de colocar Deus em primeiro lugar em todas as coisas e de convidá-lo para participar de tudo o que faz, muitos dos seus maus hábitos serão resolvidos pelo desenvolvimento desse único bom hábito.

Quanto mais tempo passamos com Jesus, mais nos tornamos semelhantes a Ele. A Bíblia diz que à medida que estudamos a Palavra de Deus, somos transformados à Sua imagem, de um nível de glória para outro (2 Coríntios 3:18). Nesse versículo, vemos como a lei do crescimento gradual opera. Se buscarmos a Deus diligentemente, não há dúvidas de que, aos poucos, nos tornaremos pessoas melhores.

A oração não apenas transforma as coisas, ela também nos transforma. Orar não é uma obrigação, é um privilégio. Passar tempo com Deus se torna um hábito, portanto, comece hoje!

CAPÍTULO

4

Livrando-se dos Maus Hábitos

Suspeito que você tenha comprado este livro porque tem maus hábitos dos quais deseja se livrar. Talvez você tenha tentado muitas vezes e falhado, e espera que eu tenha a fórmula para o seu sucesso. Acredito que posso de fato oferecer-lhe bons conselhos, mas a primeira coisa que você precisa fazer é perguntar a si mesmo o quão importante é para você abandonar o hábito que deseja vencer. Não tenho uma fórmula mágica de três passos que transforme você da noite para o dia, mas posso lhe prometer que você não precisa ser escravo de nada se quiser realmente ser livre.

Quero iniciar este capítulo sendo sincera. Livrar-se de maus hábitos requer forte comprometimento, investimento de tempo, muito trabalho árduo, e estar disposto a se sentir desconfortável enquanto se faz a transição do cativeiro para a liberdade. Se você não está disposto a isso, então duvido que eu possa ajudá-lo. Quebrar um mau hábito pode ser como terminar um relacionamento com um namorado (ou namorada) cujo comportamento é abusivo. Sabemos que terminar o namoro é a coisa certa a fazer, mas podemos sentir falta da pessoa muito embora estar com ela signifique sofrimento. Não devemos seguir aquilo que nos faz sentir bem física ou emocionalmente em curto prazo. Precisamos aprender a andar segundo a sabedoria de Deus e fazer o que sabemos que será bom para nós em longo prazo.

Quebrar maus hábitos certamente não é fácil, mas com a ajuda de Deus podemos conseguir.

Um dos problemas que enfrentamos na sociedade hoje é termos facilidades demais, e agora estamos viciados nisso. Temos a tendência de querer que tudo seja fácil, mas Deus nos ungiu e nos equipou para coisas difíceis. Podemos todas as coisas por meio de Cristo. Ele é a nossa força. A verdade é que se uma coisa não nos custa nada, ela raramente terá grande valor para nós. Se pudéssemos quebrar um mau hábito sem nenhum comprometimento ou esforço da nossa parte, a nossa liberdade teria tão pouco valor para nós que nem sequer tentaríamos mantê-la.

Existem alguns passos muito específicos que creio que você deve dar enquanto luta para quebrar um mau hábito. Primeiro, tome cuidado com a maneira como você fala a respeito do hábito que está tentando quebrar. Desde o princípio de sua jornada rumo à liberdade, pedi que você não dissesse coisas como: "Isto é difícil demais; não sei se consigo fazê-lo." Quanto mais você disser que é difícil, mais difícil será. Não saia com seus amigos e fale sobre como você está tentando abandonar este ou aquele hábito e o quanto isso é difícil. Em minha opinião, seria melhor que você nem falasse sobre o assunto. Mantenha o seu objetivo entre você e Deus e talvez entre um ou dois amigos de confiança ou familiares que você deseja que orem por você e o encorajem. Quero enfatizar novamente esse ponto apenas para garantir que você não passe batido por ele. Comprometa-se em não dizer: "Isto é difícil demais para mim; não sei se consigo fazê-lo." Diga algo que o ajude, e não algo que o atrapalhe. Diga: "Com a ajuda de Deus, eu consigo."

Jesus fez algo difícil ao sacrificar Sua vida por nós, mas Ele não disse uma única vez: "Isto é difícil demais para mim." Ele fez o que fez por meio da oração, dependendo constantemente de Deus e tendo um comprometimento firme em fazer a Sua vontade. Pela alegria de obter o prêmio que estava colocado diante dele, Jesus suportou a cruz (Hebreus 12:2b). Assim, ao iniciar a sua jornada rumo à quebra de seus maus hábitos, tenha em mente a recompensa que receberá. Somos motivados por recompensas, e Deus certamente é o Galardoador daqueles que são esforçados e comprometidos. Quando estiver cansado de lutar contra os seus desejos errados, pense em como será maravilhoso quando o mau hábito for quebrado e houver um bom hábito tomando o seu lugar.

Poderíamos falar sobre um número incontável de hábitos ruins, e independentemente de quantos eu mencionasse, talvez não me lembrasse de falar do seu, mas a resposta para todos eles é a mesma. Talvez você queira parar de fumar cigarro ou de comer em excesso, ou de criticar os outros. Talvez você esteja até mesmo lidando com um vício mais sério como o alcoolismo, o jogo, as drogas, a pornografia ou um distúrbio alimentar. O nome do vício não é o que importa. O que importa é saber que Deus o ama incondicionalmente e que Jesus veio para desfazer as obras do diabo, para libertar os cativos e para nos dar uma vida que possamos desfrutar.

Tudo é possível com Deus, então, quer o seu mau hábito seja o de ingerir açúcar demais ou o vício em drogas, Deus é poderoso e está disposto a libertar você. Sei que abandonar o hábito de beber oito latas de refrigerante por dia não será tão difícil de quebrar quanto abandonar as drogas. Os problemas não são os mesmos, mas Deus é o mesmo, e Ele tem força suficiente para atender à sua necessidade, seja ela qual for.

Creia

Se você quer quebrar um mau hábito, precisa acreditar que isso é possível. Se enquanto tenta vencê-lo seus pensamentos e suas palavras estão cheios de dúvida e incredulidade, você provavelmente não terá vitória. Ainda que já tenha tentado mil vezes sem nunca ter tido sucesso, creia que desta vez será diferente.

Jesus disse aos Seus discípulos que se eles simplesmente cressem, veriam a glória de Deus (João 11:40). Ainda que em alguns dias você não se saia tão bem, continue crendo. Acredito que o diabo fica furioso quando continuamos dizendo: "Creio que Deus está trabalhando e que estou liberto."

Dê mais crédito à Palavra de Deus do que aos seus sentimentos, e aprenda a dizer o que Deus diz sobre você e sobre a sua vida. A Palavra de Deus diz que estamos mortos para o pecado e que o nosso relacionamento com o pecado está quebrado (Romanos 6:2) e que estamos vivos para Deus, vivendo em comunhão contínua com Ele (Romanos 6:11). Isso significa que, espiritualmente falando, você já está livre de todos os maus hábitos, tudo o que você precisa fazer é acreditar nisso e começar a experimentar de forma prática a liberdade que Jesus comprou para você com a Sua morte e ressurreição. Talvez não nos sintamos assim, mas é isso que a Palavra de Deus diz. Ela diz ainda que devemos nos considerar mortos para o pecado e considerar o nosso relacionamento com ele quebrado (Romanos 6:11). Qual é a sua opinião a respeito de si mesmo? Você sempre se vê como alguém que está em cativeiro e que continua escravizado por seus maus hábitos, ou vai dar um passo de fé e acreditar que está livre?

A maneira como você vê o seu problema ou o mau hábito que deseja quebrar é muito importante, porque os nossos pensamentos servem de combustível para as nossas ações. Você pode ter controle sobre seus pensamentos e nunca deve crer que determinado mau hábito é impossível de ser eliminado da sua vida. Continue pensando: "Com a ajuda de Deus, eu consigo." Lembre-se de que os especialistas dizem que são necessários trinta dias para criar um hábito, e se você encarar um dia de cada vez, não parecerá tão difícil assim.

Sei que esse princípio de crer antes de ver acontecer talvez não faça nenhum sentido para a sua mente, mas essa é a fórmula de Deus para o sucesso. No mundo natural, só estamos dispostos a crer em algo quando vemos e temos provas, mas no Reino de Deus cremos primeiro pela fé, sem qualquer evidência natural, e somente depois vemos o resultado. Creia primeiro, e depois experimente a libertação. Creia na Palavra de Deus e os resultados virão.

Até agora, estou incentivando você a fazer as seguintes coisas:

1. Inicie cada dia com Deus — peça a Ele força e direção logo no início de cada dia.
2. Seja muito comprometido e esteja disposto a sofrer por um período, se necessário.
3. Tome cuidado com o que você diz sobre seu hábito.
4. Tenha pensamentos positivos e cheios de fé sobre a sua jornada.
5. Creia, mesmo que ainda não tenha visto os resultados.

Qual É o Seu Gatilho?

Examine a si mesmo e aprenda o que o leva a praticar o comportamento do qual você deseja se libertar. O estresse ou alguma outra emoção negativa faz com que você recaia na prática do seu mau hábito? É algo que você faz quando está entediado? Quando está se sentindo só? É algo que você faz todas as manhãs? Por exemplo, talvez você nunca se sinta tentado a tomar sorvete e comer pipoca às dez da manhã, mas você é tentado a fazê-lo todas as noites quando assiste à televisão. O seu mau hábito está ligado a alguma outra atividade que você pratica? Minha filha Laura ama certa marca de refrigerante diet. Ela praticamente não o bebe mais, mas percebi que quando ela está frustrada ou extremamente cansada, ela diz enfaticamente: "Hoje vou tomar um refrigerante!" Essa bebida traz para ela uma sensação de conforto e bem-estar. Bebê-lo ocasionalmente talvez não seja um problema, mas se o seu hábito é jogar ou usar drogas quando você se sente frustrado ou estressado, então o problema é mais grave. Peça a Deus para lhe mostrar se existe alguma relação entre o seu hábito e outras coisas. Às vezes entender por que fazemos alguma coisa é a porta para a libertação.

Veja se consegue encontrar um padrão em seu comportamento. Caso você encontre, isso pode ajudá-lo a evitar o hábito ao se afastar daquilo que o provoca. Entender essa relação pode, no mínimo, ajudar você a estar mais preparado para resistir à tentação. Se você tende a comer demais quando está entediado, não se permita ficar entediado ou encontre outro hábito mais saudável para ocupar o seu tempo. Se fazer compras quando se sente infeliz é uma forma de consolo emocional para você, então reconhecer esse padrão pode ajudá-lo a encontrar uma maneira de lidar com a infelicidade que seja mais condizente com as orientações que encontramos na Bíblia.

Foco

Já mencionei que é melhor trabalhar um hábito de cada vez, mas preciso enfatizar esse ponto. Todos nós somos tentados a consertar tudo que está errado da noite para o dia, mas isso é impossível.

Livrando-se dos Maus Hábitos

Todos os seus maus hábitos foram desenvolvidos um de cada vez, da mesma forma, eles serão quebrados um de cada vez. É vital ter foco. O foco permite que concentremos toda a nossa energia e força em uma única coisa, em vez de dividi-las entre várias coisas. A impaciência faz com que queiramos resolver tudo de uma vez só, mas o sucesso vem por meio da fé e da paciência. Digamos que você tenha identificado três maus hábitos dos quais deseja realmente se livrar. Se são necessários apenas trinta dias para se livrar de cada um deles, então dentro de noventa dias você estará livre de todos eles, ou ao menos estará no caminho certo para isso. Lembre-se de que os hábitos são formados por meio da repetição e, do mesmo modo, eles serão quebrados com a repetição. Se fizermos alguma coisa repetidamente, logo ela se tornará parte de quem somos e passaremos a fazê-la inconscientemente, como algo habitual. Se repetidamente escolhermos *não fazer* alguma coisa, então ela desaparecerá, e em algum momento deixará de ser parte de quem somos.

As pessoas que estão acima do peso precisam se concentrar no que comem. Percebo que as pessoas que comem demais tendem a comer inadvertidamente — sem prestar atenção ao que estão comendo. Se elas passam pela mesa de um colega de trabalho e há um prato de doces ali para todos compartilharem, elas colocam um doce na boca inconscientemente, por hábito. Estive acima do peso durante a adolescência e juventude. Desde então desenvolvi vários bons hábitos alimentares — um deles é nunca comer nada sem me dar conta do que estou comendo e de aproximadamente quantas calorias aquele alimento tem. Posso comer qualquer coisa se eu realmente quiser, mas preciso estar consciente do que comi e levar isso em consideração ao escolher o que vou comer no restante do dia.

A maioria das pessoas que estão acima do peso nem sequer se lembra de muitas das coisas que comeram ao longo do dia; depois se sentem frustradas porque acham que não comem "tanto assim" para pesarem tanto quanto elas pesam. Se você tem problemas nessa área, então sugiro que anote tudo que coloca na boca por cerca de uma semana. Isso vai lhe dar um choque de realidade. É fácil nos enganarmos, a não ser que dediquemos tempo para realmente prestarmos atenção no que estamos fazendo. Se você deseja abandonar o hábito de comer em excesso, terá de focar nisso por pelo menos trinta dias. Estou certa de que você descobrirá diversas coisas sem as quais você pode passar e que farão diferença no seu peso. Conheço uma mulher que simplesmente abriu mão de beber um copo grande de leite todas as noites antes de se deitar. No período de um ano ela perdeu sete quilos.

Se deseja quebrar o mau hábito da desorganização, você precisará se concentrar em manter tudo ao seu redor limpo e arrumado. Várias vezes por dia, olhe atentamente para o espaço que o cerca (sua casa, sua escrivaninha, seu carro, etc.). Se ele estiver bagunçado ou desarrumado, tire alguns minutos para arrumá-lo. Desenvolva o hábito de colocar as coisas de volta no seu lugar imediatamente. Uma boa frase para lembrar é: "Coloque isso no lugar agora."

Priscilla sempre perdia suas chaves. Isso parece uma coisa pequena, mas levou a outros hábitos — estar sempre atrasada para os compromissos, por exemplo. Por quê? Porque ela ficava procurando as chaves quando já deveria ter saído de casa. Finalmente ela colocou uma peça de decoração com um gancho para chaves bem ao lado da porta da frente, e passou a colocá-las ali sempre que entrava em casa. Foi uma solução fácil, e resolveu dois problemas de uma vez. Cuidar das coisas regularmente é muito melhor do que deixar que elas se empilhem até que estejamos assoberbados. Atenha-se a uma única coisa até vencê-la, depois você pode seguir em frente e cuidar de outra, enquanto se mantêm vitorioso naquilo que já conquistou.

Uma coisa que nos ajuda a ter foco é ter por perto algo que nos lembre do que precisamos fazer ou não fazer. É mais provável que você beba muita água se tiver por perto uma garrafa ou um copo de água o tempo todo. Escreva bilhetes para si mesmo e coloque-os em lugares onde irá vê-los. Se está tentando quebrar o mau hábito de estar sempre atrasado, mantenha um relógio perto de você, ou ligue o alarme para lembrar-lhe quando precisa começar a se arrumar para sair de casa.

Também podemos manter o foco colocando as coisas longe de nós. Certa mulher que queria parar de fumar retirou todos os cinzeiros e isqueiros de sua casa. Se você quer parar de ver tevê, tire o controle remoto da sala. Talvez você fique tão cansado de trocar canais que decida fazer outra coisa. E ainda que não o faça, pelo menos você fará um pouco de exercício. Potes de doces não servem apenas para colocarmos guloseimas. Você pode enchê-los com nozes descascadas ou outras oleaginosas sortidas, como amêndoas e castanhas.

Por fim, não fique zangado consigo mesmo por não se lembrar de fazer todas as coisas boas que deveria. Não se sinta um bobo se tiver de deixar um bilhete para si mesmo para lembrá-lo de fazer alguma coisa. É melhor fazer isso do que não fazer o que deveria. Desenvolva todos os sistemas que precisar para ajudá-lo a manter-se focado no que você deseja realizar.

Saia da Rotina!

Às vezes isso pode ajudar a quebrar um mau hábito, se percebemos que será perigoso ou prejudicial mantê-lo. Criar o hábito de usar o fio dental diariamente sempre foi uma dificuldade para mim, ainda que diversos dentistas ao longo dos anos tenham me falado sobre a necessidade de fazê-lo. A verdade é que eu simplesmente não queria perder tempo com isso, e achava que meus dentes estavam bem. Eu estava ocupada, mas por fim acabei tendo que gastar tempo com meus dentes. Este ano, precisei ir ao dentista cerca de vinte vezes. Tive um abcesso em um dente e outros *dezessete* precisaram de algum tipo de trabalho de restauração. Eu tinha muitas coroas e pontes que estavam velhas e precisavam ser substituídas. Depois que passei por todas essas consultas, estava firmemente decidida a usar o fio dental e a fazer tudo o mais que o dentista me orientasse a fazer. Como você pode ver, perceber as consequências de não cuidar bem dos meus dentes me deu a motivação para fazê-lo. Nem todos os problemas foram causados pelo fato de eu não usar o fio dental, mas isso realmente contribuiu.

Tony certa vez contou que seu irmão é dentista e sempre falava com ele sobre a necessidade de usar o fio dental duas vezes ao dia. Ele admitiu que tinha uma sensação mais agradável em sua boca e seus dentes quando fazia isso, então foi a uma loja e comprou dúzias de caixas de fio dental. Ele as deixava no banheiro, no carro, na sua escrivaninha no trabalho, perto da televisão, na bolsa de ginástica e na lavanderia. Ele as deixava por toda parte para não se esquecer de usá-las. Agora ele não faz mais isso, apenas as guarda em dois lugares, porque já adquiriu o hábito de usar o fio dental. Ele desenvolveu um bom hábito que o impedirá de sofrer mais tarde.

Há anos, quando o oeste dos Estados Unidos estava sendo colonizado, as estradas muitas vezes se resumiam a trilhos de trem.

Aqueles trilhos rudimentares criavam problemas sérios para os que viajavam por eles. Em um desses caminhos sinuosos havia um cartaz que dizia: "Evite a rotina de passar por esse caminho ou você ficará preso em um atoleiro pelos próximos quarenta quilômetros!" Se você não quer ficar preso em um atoleiro, repetindo o seu mau hábito pelos próximos dez anos, comece a sair da rotina e procure um caminho alternativo, agora!

Estou certa de que a pessoa que acaba tendo câncer de pulmão devido ao hábito de fumar gostaria de ter se comprometido em parar de fumar mais cedo. A pessoa que perde a sua família devido ao jogo ou ao vício do álcool, certamente gostaria de ter se disposto a sofrer o processo de desintoxicação. Como você pode ver, *se não pagarmos o preço pela liberdade, acabaremos pagando o preço pela escravidão.* De uma forma ou de outra, pagaremos um preço, porque a lei de Deus diz que colheremos o que plantamos.

Sejam quais forem os seus maus hábitos, dedique algum tempo para pensar em qual pode ser o resultado em longo prazo se você continuar a cultivá-los. Fazer essa reflexão pode motivá-lo a lidar com eles agora.

Vamos repassar algumas das minhas sugestões para que você consiga quebrar um mau hábito:

1. Esteja inteiramente comprometido e disposto a sofrer por um período, se necessário.
2. Tome muito cuidado com o que diz sobre o seu hábito.
3. Tenha pensamentos positivos e cheios de fé em relação ao processo de libertar-se deles.
4. Creia, mesmo quando você ainda não tiver visto resultados.

5. Reflita sobre outros comportamentos relacionados aos seus maus hábitos e rompa esse padrão.
6. Concentre-se em uma única coisa que deseja mudar imediatamente.
7. Examine quais podem ser os riscos de continuar cultivando esse hábito.

Quero lhe dar os parabéns e desejar sucesso em sua empreitada para livrar-se dos maus hábitos! Você está no caminho certo, e creio que terá êxito.

CAPÍTULO

5

Comportamento 2: Pensamentos, Palavras e Hábitos

As palavras que saem da nossa boca são geradas a partir de tudo o que pensamos. O que estamos habituados a pensar e dizer pode ser uma das coisas mais importantes da vida, porque determina os hábitos que iremos cultivar em nosso dia a dia. Em minha opinião, pensamentos e palavras são o ponto de partida para a formação de todos os bons hábitos e para a quebra de todos os maus hábitos.

Estou em um lindo lugar neste instante, trabalhando neste livro. Preciso ir à academia esta manhã porque fui anfitriã de uma das conferências que costumo realizar durante o fim de semana, e não pude me exercitar. Normalmente me exercito às segundas, às quartas e às sextas-feiras, mas não pude me exercitar na segunda porque estava viajando. Hoje é terça, e isso significa que realmente preciso fazer exercício hoje. Passou rapidamente pela minha mente a ideia de simplesmente não me exercitar hoje para ter mais tempo para escrever, mas como sei o poder que os pensamentos têm, e também sei o que preciso fazer, não dei lugar a essa ideia. Em vez disso, eu disse a Dave:

"Passou pela minha cabeça a ideia de não fazer exercício hoje, mas sei que preciso, portanto irei." Meus pensamentos e minhas palavras poderiam ter me ajudado a fazer algo do qual me arrependeria mais tarde, mas, em vez disso, eles me ajudaram a manter o hábito de me exercitar regularmente.

Tive de me livrar do pensamento errado na mesma velocidade em que ele surgiu em minha mente, porque se tivesse meditado nele, não demoraria muito para eu começar a dizer: "Não estou mesmo com vontade de ir à academia hoje", e pouco depois disso eu teria encontrado uma desculpa para não ir.

Esse mesmo princípio pode ser aplicado a qualquer área de sua vida. Quando você estiver tentando desenvolver um bom hábito ou quebrar um mau hábito, lembre-se sempre de que as palavras precedem a ação. Ou, como costumo dizer: "Onde a mente vai, o homem vai atrás."

Ensinei e escrevi extensamente sobre pensamentos e palavras, e sei por experiência própria e pela Palavra de Deus que ambos são fatores-chave para o sucesso ou o fracasso. Precisamos aprender a dizer o que realmente queremos, e não o que sentimos ou o que podemos ver no momento. Digamos que uma pessoa queira sinceramente sair das dívidas, mas, no momento, esteja profundamente afundado nelas. Essa pessoa pode pensar coisas do tipo: *Estou tão endividado que jamais conseguirei pagar todas as minhas contas.* Ou: *É impossível mudar esta situação em que estou, é tarde demais para mim.*

As pessoas que pensam assim também falarão assim. Elas podem desejar se livrar da dívida, mas os seus próprios pensamentos e palavras podem impedi-las de tomar as medidas necessárias para realizarem o que querem fazer. Elas ficarão presas nas próprias rotinas se não entrarem em concordância com a Palavra de Deus, que nos ensina

Comportamento 2: Pensamentos, Palavras e Hábitos

que tudo é possível com Deus. Essas pessoas deveriam começar a se esforçar para pensar deliberadamente: "Não é da vontade de Deus que eu fique escravizado pela dívida, e vou fazer tudo ao meu alcance para sair dela. Se eu fizer o que posso, Deus fará o que não posso fazer. Pode levar muito tempo, mas vou me manter firme até estar livre." Pensar assim dará a elas uma mentalidade que as conduzirá em direção à vitória. Isso mudará as palavras proferidas, assim como todas as suas atitudes.

Nossas palavras podem literalmente nos levar à vitória ou à derrota. Não podemos simplesmente conseguir tudo que pensamos e dizemos, mas podemos conseguir qualquer coisa que Deus diz em Sua Palavra que podemos ter. Nunca se contente com nada menos que o melhor que Deus tem a oferecer. Esse é um dos principais motivos pelos quais precisamos ter o hábito da Palavra. Se soubermos o que Deus promete na Sua Palavra, podemos ser direcionados e encorajados na busca pelo melhor que Deus tem a nos oferecer. A Palavra de Deus diz que não devemos dever nada a homem algum a não ser o amor (Romanos 13:8), portanto, por que deveríamos nos contentar em ficar endividados por toda a vida? Não devemos e não temos de viver assim.

Jesus disse ao povo que eles teriam aquilo em que acreditassem (Mateus 9:29). Eles tiveram de renovar a mente para pensar como Deus pensa, para poderem ter as bênçãos que Deus desejava que eles tivessem. Espero não ser esta a primeira vez que você ouve esse princípio, mas se for, creia que essa verdade impressionante e poderosa funciona para todos que a colocam em prática. A Palavra de Deus é sempre a mesma, e ela tem o poder para transformar as coisas. Mas nem todos nós somos iguais. Alguns acreditarão na Palavra de Deus e farão o que ela diz e outros, não. Qualquer pessoa que se recuse a acreditar, ou seja preguiçosa demais para se esforçar e seguir as instruções de Deus, manterá os maus hábitos que geram resultados nocivos em sua vida. Do mesmo modo, qualquer pessoa disposta a aprender e a mudar pode quebrar os maus hábitos e desenvolver hábitos bons.

Não Posso Evitar!

À medida que você aprender que pode mudar em sua vida coisas que são infrutíferas e causam problemas, o diabo lhe oferecerá muitas desculpas para você permanecer como está. Uma das coisas que você provavelmente ouvirá em sua mente, enquanto compartilho com você a importância dos seus pensamentos e palavras, é: "Não posso controlar o que penso. Os pensamentos simplesmente vêm à minha mente, quer eu queira quer não." Embora seja verdade que os pensamentos vêm sem serem convidados, não é verdade que você não possa fazer nada a respeito. A Palavra de Deus nos ensina a derrubar, ou refutar, pensamentos errados (ver 2 Coríntios 10:5). Ou seja, simplesmente não devemos permitir que eles permaneçam na nossa mente. Você pode se livrar de qualquer pensamento indesejado apenas decidindo pensar em outra coisa.

A afirmação verbal ajuda nesse processo. Se eu estiver pensando: *Não quero ir à academia hoje*, mas sei em meu coração que devo ir, uma parte de mim (meu espírito) quer ir enquanto outra parte (minha carne) não quer ir. Dizendo em voz alta: "Vou à academia hoje", o que digo interrompe meus pensamentos e me dá algo novo em que meditar.

Se você acreditar na mentira de que não pode ter controle sobre o que pensa, nunca mudará. Assuma a responsabilidade pelos seus pensamentos, bem como pelas suas palavras, e comece a escolhê-los cuidadosamente porque eles são a matéria-prima para os seus atos.

O Bom Plano de Deus

O plano de Deus para cada um de nós é bom. Quem não iria querer um bom plano para a sua vida? Estou certa de que todos nós queremos, mas nem todos estamos dispostos a fazer o que é preciso para alcançá-lo. Querer alguma coisa não basta... Precisamos agir! O apóstolo Paulo nos ensina que Deus tem um bom plano, uma vontade perfeita para cada um de nós, mas precisamos renovar a nossa mente de acordo com a Sua Palavra se quisermos viver isso de forma prática (Romanos 12:2). Esse versículo bíblico é uma das chaves para o sucesso. Outro versículo que nos ensina o mesmo princípio é Josué 1:8.

> Não se aparte da tua boca o livro desta lei; antes medita nele dia e noite, para que tenhas cuidado de *fazer* conforme a tudo quanto nele está escrito; porque então farás prosperar o teu caminho, *e* serás bem-sucedido.

Para mim, isso diz tudo! A Palavra de Deus deve ser algo sobre o qual pensamos e falamos regularmente e em todas as situações. *Se* fizermos isso — e esse "se" não deve ser ignorado — então saberemos o que devemos fazer, o faremos e teremos êxito. Deus deu a Josué uma oportunidade tremenda de conduzir os israelitas pelo restante do caminho até a Terra Prometida que Moisés não havia conquistado. Deus disse a ele para não temer, para ser forte e corajoso, e para continuar pensando e falando a respeito da Palavra de Deus a fim de realizar o objetivo que estava à sua frente.

O que você gostaria de realizar em sua vida? O que você gostaria de mudar a partir de agora? Você tem algum mau hábito que deseja quebrar e alguns bons hábitos que quer desenvolver? Seu desejo não irá se concretizar a não ser que você aprenda a pensar e falar de acordo com o que deseja.

Um Bom Hábito Leva a Outro

Creio que desenvolver o hábito de pensar e falar coisas boas definitivamente levará a muitos outros bons hábitos. O poder da vida e da morte está na língua, e aqueles que a usam bem deverão comer do seu fruto (para a morte ou para a vida) (Provérbios 18:21). Se desenvolvermos o hábito de pronunciar vida a todo o tempo, teremos vida e a teremos de forma mais abundante. Entretanto, se pronunciarmos morte (coisas negativas), essa será a nossa experiência. O escritor de Provérbios afirmou que seremos cheios do fruto da nossa boca e que devemos estar satisfeitos com as consequências das palavras que escolhemos dizer, sejam elas boas ou más (Provérbios 18:20). Tenho estudado, ensinado e escrito sobre esses versículos por mais de trinta anos, e eles ainda me impressionam. Será que percebemos o poder que Deus nos deu quando escolhemos nossas palavras? Creio que não, pois se o fizéssemos, certamente faríamos escolhas melhores.

Esse deve ser um tema sobre o qual precisamos orar constantemente, pois nenhum homem pode domar a língua sem a ajuda de Deus (Tiago 3:8). Centenas de versículos da Bíblia falam sobre a língua, a boca e as palavras. Tenho a maioria deles sublinhados em minha Bíblia! Com frequência releio cada um deles e simplesmente lembro a mim mesma o poder que têm as minhas palavras. Também oro por essa área, pedindo a Deus que permita serem aceitáveis

Comportamento 2: Pensamentos, Palavras e Hábitos

a Ele as palavras da minha boca e a meditação do meu coração (meus pensamentos).

As nossas palavras podem nos ajudar ou nos prejudicar em qualquer área da vida. As palavras são espirituais, pois não podem ser vistas — no entanto, ao atingir a dimensão espiritual, elas começam a criar o nosso futuro. De acordo com Gênesis, Deus criou tudo o que vemos com Suas palavras! Fomos criados à Sua imagem e foi-nos dito para seguirmos o Seu exemplo em todas as coisas, portanto, por que seria diferente com as palavras?

Experimente!

Em 1977, Deus começou a me mostrar o poder das minhas palavras. Eu nunca havia ouvido nenhum ensinamento como o que estou lhe apresentando neste livro, mas Deus me convenceu de que eu era uma pessoa muito negativa, que precisava passar por uma grande mudança. Ele me mostrou que as minhas palavras eram negativas e que a minha vida não poderia mudar até minhas palavras mudarem. Fiz uma lista das coisas que eu queria ver acontecer em minha vida e encontrei versículos bíblicos que serviam de fundamento para cada uma delas. Então, durante seis meses, duas vezes por dia, eu falava essas coisas em voz alta. Quando iniciei esse projeto, nenhuma das coisas confessadas por mim fazia parte da minha vida, mas hoje todas elas fazem. Posso dizer ainda que continuo a confessar essas coisas e outras partes das preciosas promessas de Deus regularmente. Sugiro a você fazer o mesmo. Creio que se você pensar e falar consistentemente coisas positivas, boas e cheias de vida, verá mudanças em si mesmo e na sua vida das quais você gostará.

Recentemente, eu estava conversando com uma mulher em um encontro e disse algo sobre falar positivamente. Ela disse rapidamente: "Não acredito em toda essa bobagem de afirmação positiva; creio na realidade!" Fiquei triste por ela, porque ela obviamente não conhecia a Palavra de Deus e não estava ciente de que podia mudar a sua realidade crendo, pensando e falando em concordância com Deus. Sinto-me tão feliz por não termos de nos contentar com a realidade! Hoje, os *reality shows* — verdadeiros shows da realidade — são muito populares na tevê, e estão ficando cada vez mais comuns. Eu preferiria ouvir mais sobre o poder para transformar a vida a ouvir mais sobre a realidade. Quero a esperança e a fé de que, com Deus, tudo é possível.

Acrescente o hábito de pensar e falar de acordo com o que deseja para a sua vida a todos os outros hábitos que você deseja desenvolver ou abandonar. Por exemplo, se você é indeciso, não continue dizendo: "Tenho dificuldade em tomar decisões." Comece a dizer: "Tenho a sabedoria de Deus" (1 Coríntios 1:30) e a mente de Cristo (1 Coríntios 2:16) e sou uma pessoa decidida." Ou se você tende a comer em excesso e precisa melhorar a sua saúde e talvez perder algum peso, não diga o tempo todo: "Não consigo controlar meu apetite. Quando começo a comer não consigo parar até estar empanturrado. Preciso de açúcar todos os dias." Se você continuar falando sobre como as coisas são, elas nunca mudarão. Mas se mudar aquilo no qual acredita meditando na Palavra de Deus e falando em concordância com ela, você poderá ter o que Deus diz que você pode ter. A Sua Palavra diz que Ele nos deu o espírito de disciplina e domínio próprio (2 Timóteo 1:7), e devemos dizer o mesmo.

Estou certa de que você entende o que estou dizendo, e oro para que esteja convencido da necessidade de começar a fazê-lo. Como eu disse, experimente! A sua experiência o convencerá, ainda que eu não consiga. Você se sentirá melhor e terá mais energia se disser coisas que ministrem vida a você, e todas as pessoas ao seu redor gostarão muito mais de estar perto de você. Lembre-se de que você não tem em si mesmo a capacidade de mudar e ser bem-sucedido. Nenhum homem pode domar a língua. Você precisará de muita ajuda de Deus hoje e todos os dias, e eu também. A boca é como uma fera selvagem incontrolável e indisciplinada (Tiago 3:7-8), mas Deus pode mudar tudo isso se assumirmos o compromisso e ficarmos firmes até vermos o sucesso acontecer.

Reprograme o Computador

O que pensamos e dizemos, principalmente se for com frequência, está escrito na tábua do nosso coração. Está "embutido no nosso disco rígido", por assim dizer. Assim como um computador só pode exibir a informação que está programada dentro dele, nosso coração só coloca para fora o que está escrito nele. Se não gostamos do desempenho apresentado pelo nosso computador, não hesitamos em procurar um programa novo, e é isso que estou sugerindo que você faça com a sua vida. Comece a reescrever o que foi programado no seu coração. A programação de um computador determina a informação que sai dele, e o que está no nosso coração sai pela nossa boca.

> Pois do que há em abundância (transbordando, superabundando) no coração, disso fala a boca.
>
> *Mateus 12:34b*

Quero lhe assegurar que você pode fazer isso com a ajuda de Deus. Você pode ter tido muitos maus hábitos relativos ao que fala e pensa, mas eles podem ser transformados em hábitos positivos e cheios de vida. É hora de renovar a sua mente e se tornar a pessoa que Deus quer que você seja em todas as áreas da sua vida.

Dentro de Você Há Possibilidades Inesgotáveis

A vontade boa de Deus para nós não vai simplesmente se realizar sem nenhum esforço de nossa parte, mas é possível que ela aconteça se ouvirmos, aprendermos e estivermos dispostos a mudar com a ajuda dele. A mudança leva tempo, mas é um tempo bem utilizado porque traz uma grande recompensa. Todos nós gastamos o nosso tempo com alguma coisa, portanto, por que não gastá-lo com algo que gera benefícios para nós e para nossa família e nossos amigos? É possível mudar. Verdadeiramente, dentro de você há possibilidades inesgotáveis!

Como filho de Deus, Ele habita em você, e tudo o que Ele é está à sua disposição por meio da fé nele e nas Suas promessas. Você pode conhecer Deus e ter comunhão íntima com Ele. Você pode desfrutar uma vida que deixe um legado para outros. Deus o ama, e Ele o criou de uma maneira única e especial. Ninguém pode fazer o que você pode, exatamente da maneira como você faz. Deus quer que você aprenda a apreciar a si mesmo e cada momento da sua vida, mas isso não pode acontecer se você não desenvolver hábitos que geram vida em lugar de hábitos que sugam a vida. O hábito de ter os pensamentos certos e proferir as palavras corretas é um dos hábitos mais importantes a serem cultivados, e ele abrirá a porta para muitos outros bons hábitos que o levarão a ter a melhor vida possível.

CAPÍTULO 6

Comportamento 3: O Hábito de Ser Determinado

> Em qualquer momento de decisão, a melhor coisa que você pode fazer é a coisa certa, a segunda melhor opção é fazer a coisa errada, e a pior coisa que você pode fazer é não fazer nada.
>
> *Theodore Roosevelt*

Aqueles que ficam no meio do caminho são atropelados. Desenvolver o hábito de tomar decisões de forma sábia e oportuna é vital para ter paz e sucesso na vida. Felizmente, alguns aprendem essa lição. Entretanto, algumas pessoas tomam decisões precipitadas, outras demoram muito a tomá-las, outras ainda as tomam de forma pouco sábia e há aquelas que simplesmente não as tomam.

A vida é cheia de decisões. Todos nós tomamos inúmeras decisões diariamente. Decidimos até mesmo que horas vamos dormir, o que iremos comer e o que fazer com o nosso tempo. Tomamos decisões com relação ao nosso emprego, aos nossos relacionamentos, às nossas finanças, e o que é mais importante, tomamos decisões espirituais. Até as pessoas que não querem tomar decisões ainda assim estão tomando a decisão de não decidir nada. Tire alguns minutos e avalie honestamente em qual das categorias mencionadas aqui você se encaixa. Se você é uma pessoa decidida e sente que na maioria das vezes toma decisões sábias, então você é abençoado e faz parte de um grupo relativamente pequeno. Se você se encaixa na categoria daqueles que tomam decisões precipitadamente, daqueles que demoram muito a tomá-las ou daqueles que as tomam sem prudência ou sabedoria, então esta é uma ótima oportunidade para você decidir começar a formar o hábito de tomar decisões corretamente.

Se tomarmos as decisões espirituais corretas — e isso significa colocar Deus em primeiro lugar em todas as coisas — resolver o restante será mais fácil. Entretanto, tomar decisões ainda é uma coisa com a qual às vezes temos dificuldade. Para a pessoa que deseja agradar a Deus em todas as coisas, talvez seja fácil tomar decisões morais porque a Palavra de Deus nos instrui no que diz respeito à maneira certa ou errada de se comportar. Só precisamos decidir aprender e obedecer a Deus no que Ele nos ensina a fazer. Mas há muitas outras decisões que precisamos tomar na vida diária que não são abordadas especificamente pela Palavra de Deus. O que devemos fazer com relação a essas coisas? A pessoa que deseja verdadeiramente agradar a Deus pode cair na armadilha de ser indecisa por ter medo de desagradar a Deus fazendo a coisa errada.

O Problema da Indecisão

Não existe ser humano mais miserável do que aquele para quem nada é habitual a não ser a indecisão.

William James

Posso honestamente dizer que a indecisão é algo que muito me desagrada. Geralmente sou uma pessoa muito decidida e às vezes posso até cair no erro de me precipitar. Tento não fazer isso nesta fase da minha vida porque já o fiz no passado, e depois me arrependi por ter tomado uma decisão precipitada. Infelizmente, ainda assim tive de lidar com as consequências da minha escolha. Mas embora eu me encaixe na categoria das pessoas decididas, ainda há vezes em que me surpreendo vacilando entre duas coisas e tendo dificuldade em me decidir por uma ou outra. Na maioria das vezes é simplesmente porque não quero fazer nada que eu não esteja convencida de que Deus aprove. Gostaria de poder saber sem sombra de dúvida o que Deus quer que eu faça em todas as situações, mas não sei, e, como todo mundo, preciso dar um passo de fé e finalmente fazer uma coisa ou outra. E, como todo mundo, sinto um frio no estômago e oro de todo o meu coração pedindo que, se eu estiver fazendo a coisa errada, Deus em Sua graça feche a porta ou me impeça antes que eu cometa um grande erro.

É impossível aprender como tomar boas decisões sem viver a experiência de tomar decisões. Tomamos algumas decisões boas e outras ruins enquanto estamos no processo de aprendizado, de modo que quero incentivá-lo a começar a ser decidido e a aprender com as suas experiências. Seja qual for a sua escolha, não viva a sua vida paralisado pelo medo, nem seja alguém constantemente confuso por não saber o que fazer.

— Senhor, qual é o segredo do seu sucesso? — Perguntou um repórter ao presidente de um banco.

— Duas palavras.

—E quais são elas, senhor?

— Decisões certas.

— E como o senhor toma boas decisões?

— Uma palavra.

— E qual é ela, senhor?

— Experiência.

— E como o senhor adquire experiência?

— Duas palavras.

— E quais são elas?

— Decisões erradas.

Anônimo

O apóstolo Tiago, dirigido pelo Espírito Santo, ensina que se precisamos de sabedoria, devemos pedir, sem vacilar (sem hesitar, sem duvidar). Se vacilarmos, hesitarmos ou duvidarmos, nós nos tornaremos instáveis e inseguros em nossos caminhos e seremos incapazes de receber do Senhor qualquer coisa que pedirmos (Tiago 1:5-8). Esses versículos deixam a posição da pessoa indecisa muito clara. Ela será miserável, confusa e incapaz de obter ajuda da parte de Deus. Devemos nos aproximar de Deus com fé, prontos para tomar uma atitude quando tivermos certeza em nosso coração de que recebemos direção. Se depois de orar e esperar ainda sentirmos que não temos direção, então isso pode significar que Deus está simplesmente nos dando a liberdade para fazermos a nossa própria escolha.

Mais de uma vez em minha vida, enquanto buscava a Deus com relação ao que fazer em uma situação, Ele sussurrou em meu coração:

"Você pode fazer o que quiser fazer." Nessas situações, aprendi que Deus coloca desejos em meu coração e que sou livre para segui-los.

Esse tipo de liberdade assusta algumas pessoas, mas se conhecemos a Palavra de Deus, então conhecemos o coração dele e podemos viver de acordo com esse conhecimento. Dave e eu temos quatro filhos adultos. Quando eles eram pequenos dizíamos a eles tudo o que deviam fazer e não fazer, mas à medida que foram crescendo, gradualmente demos a eles cada vez mais liberdade para tomarem as próprias decisões, confiando que eles haviam aprendido o que gostaríamos que eles fizessem e que eles seguiriam esse ensinamento. Eles nem sempre tomaram as decisões certas, mas com a tentativa e o erro, aprenderam a tomar decisões e a ser responsáveis por seus resultados — algo que faz parte da vida adulta.

Crescemos como filhos de Deus assim como nossos filhos naturais crescem, e Ele nem sempre nos dá instruções exatas e específicas. Ele espera que sigamos a Sua Palavra, o Seu Espírito e a Sua sabedoria. Se não sentirmos paz com relação a alguma coisa, ou se não for sábio fazer algo, então não devemos fazê-lo. Simples assim! Uma coisa é certa, não temos de ter medo de tomar decisões. Se tomarmos uma decisão e descobrirmos depois que ela estava errada, podemos modificá-la ao longo da nossa caminhada. Deus nos ajudará a chegar ao lugar para onde estamos indo, mas Ele não pode dirigir um carro estacionado. Se você quer sinceramente fazer a vontade de Deus, mas se perder enquanto percorre a sua jornada pela vida, Deus o encontrará e o trará de volta ao caminho certo.

"Faça alguma coisa, mas não fique sem fazer nada" é um dos meus ditados favoritos. Algumas pessoas desperdiçam toda a vida sem fazer nada porque não querem tomar uma decisão. Os motivos para ser indeciso podem ser variados, portanto vamos dar uma olhada em alguns deles:

1. Uma pessoa pode ser indecisa porque seus pais nunca permitiram que ela tomasse as próprias decisões. Os pais podem ter pensado que estavam protegendo seus filhos, mas, na verdade, eles os destituíram da capacidade de serem pessoas decididas.
2. As pessoas indecisas podem se sentir inseguras com relação a si mesmas e às suas habilidades. Este é o caso de muitas pessoas na nossa sociedade. Satanás adora nos dar várias razões para sentir medo e ficar inseguros. Isso nos imobiliza e impede que cumpramos o nosso destino. As pessoas indecisas precisam aprender o quanto Deus as ama e o quão perfeito é o Seu amor. Elas precisam aprender que podem fazer todas as coisas através de Cristo, que lhes dá força, capacidade e sabedoria.
3. Ser alguém que quer agradar às pessoas também pode deixar uma pessoa indecisa. Os que querem agradar a todos sempre buscam a aprovação dos outros e nunca seguem o próprio coração quando tomam decisões. É muito triste ver o quanto dependemos da aprovação e da aceitação das outras pessoas. Se vivermos a nossa vida para agradar os outros, acabaremos nunca vivendo a nossa vida. Quando fazemos o que os outros querem e não o que queremos, simplesmente deixamos que eles vivam suas vidas através de nós.
4. Algumas pessoas simplesmente têm medo de estarem erradas. Elas podem ser orgulhosas demais para conseguirem lidar com a ideia de terem tomado uma decisão errada, e

Comportamento 3: O Hábito de Ser Determinado

por isso não tomam decisão alguma. Elas estão sempre tentando decidir e nunca o fazem de fato. Costumo dizer que a única maneira de descobrirmos se estamos certos é dando um passo de fé e descobrindo. Estar certo o tempo todo é algo superestimado pelas pessoas. Estar errado só fere o nosso orgulho por alguns instantes, mas ser indeciso nos fere de formas que não conseguimos sequer imaginar.

5. A partir do momento que uma decisão for tomada, uma ação deve-se seguir a ela. Algumas pessoas podem ficar indecisas simplesmente por não quererem assumir as responsabilidades que sempre surgem após uma decisão. Homens e mulheres bem-sucedidos são sábios na hora de tomar decisões e persistentes e determinados na hora de tomar as atitudes necessárias que se seguem às suas decisões.

Em todas essas razões que listei para explicar a causa da indecisão, uma coisa é certa: ela é um mau hábito e pode ser eliminada com a formação de bons hábitos. Tome a decisão corajosa de ser decidido. Quanto mais prática você tiver, melhor você será nisso.

Como Tomar Decisões

Talvez alguns conselhos práticos sobre como tomar decisões o ajudem a começar.

Faça uma lista das suas opções. Quantos caminhos diferentes você pode seguir? Se você quer mudar de emprego, por exemplo, quais seriam as suas opções? Você quer mudar de carreira ou conseguir outro emprego dentro da área na qual tem experiência? Talvez você queira simplesmente decidir o que fazer no dia de hoje. Você tem o dia livre, então, quais são as suas opções? Você pode concluir um projeto que começou e não terminou, ou pode fazer compras e almoçar com um amigo, ou pode visitar seus pais idosos que não vê há muito tempo, ou pode ficar deitado no sofá e assistir à televisão o dia inteiro. Qual é a melhor coisa a fazer?

Você é de fato a única pessoa que pode decidir. Poderia ser mais divertido sair para fazer compras e comer, mas terminar o seu projeto poderia, em longo prazo, lhe dar maior paz de espírito. E, se usar seu tempo com sabedoria, você poderá provavelmente incluir a visita aos seus pais, além de uma das outras opções. Ficar deitado no sofá o dia inteiro provavelmente não é uma boa opção porque você acabará ficando entediado e com a sensação de ter desperdiçado o seu dia.

Se você quiser comprar alguma coisa, pode comprá-la e ter o que comprou, ou não comprá-la e ficar com o dinheiro. Qual das duas opções o beneficiará mais em longo prazo? Fazer algumas perguntas a nós mesmos sobre as opções que temos, em geral, é uma grande ajuda na hora de tomar decisões. Afinal, como podemos tomar decisões realmente boas se nem sequer sabemos quais são as nossas opções?

Avalie os possíveis resultados. Para cada opção existe um resultado possível, e podemos rotulá-lo como positivo ou negativo. Dave e eu estamos no processo de tomar uma decisão neste instante; e exatamente nesta manhã, eu disse a ele que tenho uma lista de prós e contras, e que os prós superam os contras. Entender isso nos ajudou a tomar a nossa decisão.

Nunca é sábio tomar decisões sem dedicar tempo para considerar qual pode ser o resultado daquela decisão. Se você está tentando decidir se quer dedicar tempo e energia a alguma coisa, principalmente se for alguma coisa que exige um comprometimento em longo prazo, examine cada detalhe atentamente.

Quanto do seu tempo esse projeto tomará? Você honestamente dispõe de tempo para se dedicar a ele sem ficar sobrecarregado? Se decidir se comprometer, você precisará abrir mão de outra atividade primeiro? Como esse compromisso afetará a sua família? Você está dizendo sim a alguma coisa que outra pessoa quer que você faça, mas honestamente preferiria não fazer? Se você se comprometer com isso, ficará reclamando enquanto executa o que se dispôs a fazer? Pense sempre no resultado de cada decisão, ou você virá a lamentar muitas das decisões que tomar.

Reconheça a soberania de Deus. O escritor de Provérbios, o livro da sabedoria, nos ensina a reconhecermos Deus em todos os nossos caminhos. Devemos pedir a Deus para nos conduzir desde o princípio, quando estamos tentando tomar qualquer decisão, mas devemos também buscá-lo quando acreditamos saber o que deve ser feito, só para termos certeza de que Ele está de acordo. Você sente paz? Isso é sábio? A sua motivação está correta? Espere em Deus por algum tempo para dar a Ele a oportunidade de dizer a você se existe alguma coisa que você não está levando em consideração.

Nunca devemos fazer nossos planos e depois orar pedindo a Deus que os abençoe. Devemos orar antes de planejar qualquer coisa. Se o verdadeiro desejo do seu coração é seguir a Deus em todas as coisas, Ele fará com que você saiba de uma maneira ou outra se está fazendo a coisa certa.

Comece Pequeno

Talvez você esteja pensando: "Joyce, e se eu tiver feito todas essas coisas e ainda não souber que decisão tomar?" Se esse for o caso, meu conselho é que você dê um pequeno passo de fé e veja se essa decisão é a certa para você. Talvez não seja possível fazer isso em todas as decisões, mas em muitas, é possível.

Por exemplo, se alguém está lhe pedindo para fazer parte de uma comissão, você poderia se comprometer em participar por um mês e ver como se sente antes de se comprometer por um ano ou mais. Nunca hesite em ser sincero com as pessoas, dizendo a elas que tomar a decisão certa é muito importante para você e que você não quer se comprometer em longo prazo sem antes saber a temperatura da água, por assim dizer. Sempre coloco o dedão do pé na água da piscina antes de mergulhar, simplesmente porque não quero sofrer um choque térmico. Se o primeiro passo funcionar, então dê outro e mais outro.

Todas as grandes coisas começam como pequenas coisas. As pessoas que têm uma grande fé começaram exercitando a sua pequena fé, então, depois de fazer isso, elas experimentaram a fidelidade de Deus e a fé delas aumentou. O nosso ministério começou como um estudo bíblico em nossa casa. Durante os cinco primeiros anos, vinte e cinco pessoas frequentavam esse estudo. Agora temos um ministério mundial com escritórios em dezoito países.

A Palavra de Deus nos encoraja a não desprezarmos os dias dos pequenos começos, por isso, se você é uma pessoa indecisa, sugiro que comece a ser decidido primeiramente em pequenas áreas. Decida mais rapidamente o que quer comer, vestir ou fazer com o seu tempo hoje. Já saí para comer com pessoas que ficavam olhando para um cardápio durante quarenta e cinco minutos antes de decidir o que queriam comer. Até mesmo depois de fazer o pedido, elas dizem: "Ainda não sei o que quero, então acho que vou pedir isto aqui mesmo." Entendo que decidir pode levar algum tempo, mas tanta indecisão é provavelmente um indicador de um problema mais profundo.

Comportamento 3: O Hábito de Ser Determinado

Todos nós sabemos o que acaba acontecendo com o nosso dia se saímos da cama simplesmente esperando para ver o que acontece. Tive uma amiga que me telefonava todas as manhãs para ver o que eu ia fazer naquele dia. Passávamos muito tempo juntas e ela não queria fazer nenhum plano até saber o que eu ia fazer. Eu geralmente respondia perguntando: "O que você vai fazer hoje?" Ela dizia: "Não sei, pensei em ver primeiro o que você vai fazer." Esse tipo de passividade e de incerteza extrema é perigoso. Nunca deixe que as decisões de outra pessoa sejam o guia para as suas decisões.

Gosto de dizer: "Tenha um plano e esteja pronto para mudá-lo se Deus o interromper com algo de que Ele necessite." É possível exagerar e planejar demais, mas não ter plano algum é o caminho certo para uma vida desperdiçada.

Quando você tiver tomado uma decisão, ainda que seja pequena, tente manter-se fiel a ela. Deus não é o autor da confusão; portanto, não fique confuso racionalizando excessivamente acerca da sua escolha. Amo o versículo que diz: "Firmem suas mentes e mantenham-nas firmadas" (Colossenses 3:2). Infelizmente, no geral, nos distraímos com muita facilidade e temos dificuldade em manter a nossa mente firmada em uma direção. Desenvolva o hábito de ser decidido; não hesite, não vacile, não duvide nem titubeie. Comece a confessar diariamente que você é uma pessoa decidida que toma decisões sábias.

CAPÍTULO

7

Comportamento 4: Hábitos Saudáveis

Quanto mais bons hábitos desenvolver, menos você terá de lutar contra os maus. Creio firmemente nos benefícios de me concentrar nas coisas boas em vez de nas más. Na verdade, creio que os hábitos saudáveis eliminam vários outros hábitos que são ruins. Por exemplo, se eu me sinto saudável e cheia de energia, é mais provável que eu aja como alguém de fácil convivência e não tenho de lidar com o mau hábito de estar sempre irritada. Quando me sinto bem, sou mais feliz, mais amigável e mais paciente.

O mundo está cheio de pessoas que não são nada saudáveis. Bilhões são gastos em visitas aos médicos e em remédios, bem como em tratamentos para nos ajudar a nos sentirmos melhor. Provavelmente gastamos milhões de horas tratando das nossas doenças, quando muitas delas poderiam ter sido evitadas se tivéssemos desenvolvido hábitos saudáveis mais cedo.

Não espere até ficar doente para escolher ser saudável. Um grama de prevenção vale um quilo de cura. Em meu livro *Pareça Maravilhosa, Sinta-se Maravilhosa*, falo detalhadamente sobre muitos princípios que dizem respeito à prevenção, mas neste capítulo quero lhe falar sobre alguns dos que talvez sejam os mais urgentes para todos nós.

O Seu Corpo é a Casa de Deus

> Vocês foram comprados por um preço [comprados por uma preciosidade e pagos, feitos propriedade dele]. Portanto, honrem a Deus e deem glória a Ele no seu corpo.
>
> *1 Coríntios 6:20*

Você é um investidor ou um jogador? Você está investindo em ter uma boa saúde hoje a fim de colher os benefícios disso mais tarde? Ou você está apostando todas as suas fichas na ideia de que não há nada que possa fazer, ou até mesmo cuidando mal de si mesmo, cultivando hábitos pouco saudáveis e sobrevivendo assim? Infelizmente, muitos preferem apostar que tudo ficará bem em vez de cuidar bem de sua saúde, mas essas pessoas não são sábias. Um homem sábio investirá em si mesmo fazendo escolhas que o manterão saudável e forte não apenas no presente, mas nos anos futuros também. Assim como um sábio investidor financeiro se privará de algumas coisas agora a fim de investir no futuro, também devemos nos disciplinar a fim de conservar a nossa energia e saúde.

De acordo com a Palavra de Deus, somos o Seu templo, ou a Sua casa. Ele vive em nós. As instruções do Antigo Testamento sobre como construir, decorar e cuidar do templo foram abundantemente detalhadas. Ele não foi feito para ser abandonado e destruído por falta de manutenção e negligência, e se isso acontecesse, os israelitas desenvolviam projetos especiais destinados a reconstruí-lo e restaurá-lo. Você precisa de uma camada fresca de tinta, ou de um

Comportamento 4: Hábitos Saudáveis

programa inteiro dedicado a reconstruir e restaurar a sua saúde? Se você precisa desenvolver hábitos saudáveis, coloque-os no topo da sua lista de hábitos a serem desenvolvidos, possivelmente logo após desenvolver o hábito de passar tempo com Deus. Isso porque a sua saúde afeta você — e todas as pessoas que se relacionam com você — de diversas formas. Uma das maneiras pelas quais podemos demonstrar amor e consideração por Deus é sendo bons mordomos da saúde que Ele nos dá. O corpo é o veículo que você precisa para circular pela Terra, e se você destruí-lo, não poderá ir a uma loja e comprar outro. Deus tem um destino para você, e há uma missão especial que só você pode cumprir. É importante que você viva por tempo suficiente para fazer aquilo para o qual Deus o designou.

No final de 2006, estava cansada de me sentir exausta na maior parte do tempo e de não gostar da aparência física que começava a ter. Então comecei um programa de reestruturação e recondicionamento do meu corpo. Eu sentia que Deus havia me mostrado que se eu não começasse a me exercitar regularmente, eu não estaria forte o suficiente para enfrentar o último terço da minha jornada aqui na Terra. É muito importante para mim terminar o que Deus me trouxe aqui para fazer, de modo que levei as Suas instruções muito a sério.

Assinei um contrato de um ano com uma academia, contratei um treinador e uma nutricionista, e pus mãos à obra. Anos depois, estou muito satisfeita por ter tomado uma atitude na ocasião que tomei. Sim, eu sentia dor na maior parte do tempo e sentia falta de comidas gordurosas e doces que estava habituada a comer, mas sobrevivi, e não demorou muito tempo para eu começar a desenvolver hábitos mais saudáveis. Isso exigiu, e ainda exige, um investimento do meu tempo, mas creio que sou, de muitas maneiras, uma pessoa melhor hoje do que era até então.

Mark Twain disse: "A única maneira de se manter saudável é comer o que você não quer, beber o que você não gosta e fazer o que você preferiria não fazer." Isso é uma verdade em muitos aspectos, mas a boa notícia é que muito embora você possa começar não gostando de algumas das coisas que precisará fazer, eventualmente você se acostumará com elas e ansiará por elas na mesma medida em que desgosta delas agora. Se eu preciso deixar de ir à academia por alguns dias, os meus músculos realmente anseiam por exercícios. Isso parece impossível, sei disso, mas é verdade. Hoje sinto o desejo de comer vegetais e meu almoço é composto de diversos vegetais grelhados ou cozidos no vapor. Eu mesma mal posso acreditar nisso, mas estou dizendo a verdade. O nosso corpo não é tão inteligente assim. Ele simplesmente anseia por aquilo que damos a ele repetidamente. Se damos algo ruim, ele irá querer o que é ruim, e se for bom, é isso que ele vai querer. Você pode reprogramar o seu corpo para aprender a desfrutar de escolhas saudáveis em todas as áreas da vida.

Há muitos livros maravilhosos sobre nutrição que o ajudarão se você não tem qualquer instrução nessa área. Faça um favor a si mesmo: compre e leia um deles, porque o conhecimento que você adquirir renovará a sua mente e o ajudará a fazer escolhas mais saudáveis. Naturalmente, recomendo o meu livro *Pareça Maravilhosa, Sinta-se Maravilhosa*, e também recomendo os livros do Dr. Don Colbert. Ele é um médico e nutricionista cristão maravilhoso que ajudou milhares de pessoas a desenvolverem hábitos saudáveis. Perecemos por falta de conhecimento, portanto você deve estar disposto a se instruir em qualquer área na qual precise de ajuda.

Elimine o Estresse

O estresse é a doença do século 21. Ele é o vilão por trás de um grande percentual das nossas doenças (ouvi falar em algo em torno de oitenta por cento). Nossos corpos foram construídos para lidar com o estresse, desde que ele não se torne excessivo e repetitivo. Quando isso acontece, corremos o risco de que o resultado seja muito pouco saudável. Se deseja melhorar a sua saúde, você precisa tomar a decisão de não se permitir ficar excessivamente estressado. A vida provavelmente não mudará, o que significa que você terá de mudar a sua maneira de vê-la e reagir a ela. Por exemplo, a preocupação, a ansiedade e o medo são grandes fontes de estresse, e podemos eliminá-los confiando em Deus e lançando os nossos cuidados sobre Ele.

O estresse excessivo faz com que produzamos uma grande dose do hormônio cortisol em nosso corpo, e isso é perigoso. As pessoas podem realmente ficar viciadas nesse hormônio, como se ele fosse uma droga. Quanto mais elas pisam no acelerador até o fundo no dia a dia, mais estressadas elas se sentem e detestam isso, mas isso se torna tão habitual que, no fundo, elas anseiam por essa sensação. Elas não sabem como descansar e relaxar. As pessoas se gabam de viver em um ritmo acelerado, mas na verdade é aí que moram todos os perigos. Se perguntarmos à maioria das pessoas se estão muito ocupadas, elas dirão que sim. Mas o interessante é que elas são as únicas que podem tomar a decisão de mudar o ritmo. A maioria reclama o tempo todo da falta de tempo, mas nunca faz nada a respeito disso. Reclamar e não fazer nada para melhorar a sua situação é um total desperdício de tempo e uma tolice.

Eis o que apenas um pouco de cortisol faz em seu corpo. Ele coloca o seu coração em atividade máxima, batendo quatro vezes acima da velocidade natural, e faz o mesmo com os seus pulmões. Ele constringe os seus vasos sanguíneos e eleva a sua pressão sanguínea a níveis perigosos.

Ele deixa a boca seca, e o estômago e o intestino param de funcionar. Ele retira o sangue do rosto e da pele. Embaralha o sistema imunológico. Arruína o sono, acaba com o interesse sexual e a capacidade reprodutiva; retarda a cura e aumenta o risco de ter doenças periodontais, doenças de pele e doenças autoimunes. Compromete a memória de curto prazo e o raciocínio lógico. Na verdade, ele faz com que parte do seu cérebro encolha. Ele faz você comer em excesso. Sabemos que muitas pessoas comem em excesso devido ao estresse. Esse é um dos padrões sobre os quais falamos anteriormente. Quando ficam estressadas, as pessoas costumam comer para se sentir reconfortadas.

Isso soa como uma má notícia, não é mesmo? Você imagina que o lógico seja as pessoas mudarem seu estilo de vida para se livrarem dessa "droga", certo? Mas costumamos administrar doses dela a nós mesmos todos os dias. Fui uma "viciada" em estresse por muitos anos da minha vida. Como eu disse, podemos lidar com quantidades normais de estresse. O cortisol é útil quando você precisa reagir a um incidente estressante, como evitar bater em um carro quando alguém de repente para na sua frente em uma estrada. Todos os efeitos físicos do cortisol ocorrem no corpo, mas ele logo volta ao normal quando o perigo passa e o estresse termina. Mas quando o estresse é contínuo, ele esgota o seu corpo. É impossível ser saudável quando se está excessivamente estressado por um longo período. Desenvolva o hábito de viver com sabedoria agora para não ficar esgotado quando tiver quarenta ou cinquenta anos.

Se você já passou anos sem cuidar de si mesmo e está doente, cansado e esgotado, não pense que é tarde demais para você. Comece a desenvolver hábitos saudáveis agora mesmo, e cada boa escolha que você fizer agora começará a reparar qualquer dano anteriormente causado. Nunca é tarde demais para começar.

Comece a prestar atenção às situações que o deixam estressado e faça mudanças. É simples assim, porém, se você começar a complicar as coisas, é muito provável que nunca mude. Não importa quantos motivos e desculpas temos para viver estressados, a verdade é que podemos eliminar muito do estresse em nossa vida se realmente quisermos.

Sete Pilares para a Boa Saúde

O Dr. Don Colbert recomenda os sete pilares que listei a seguir para termos boa saúde. Todos eles são coisas simples e básicas, mas também podem transformar a maneira como vivemos se fizermos deles hábitos saudáveis em nossa vida.

1. Beba muita água

Os especialistas dizem que devemos beber a metade do nosso peso corporal em água todos os dias. Talvez você esteja pensando, *se fizesse isso eu me afogaria*. Mas beber muita água melhorará o seu metabolismo e pode ajudar você a perder peso. Também aumenta o seu nível de energia. Quanto mais água você beber, mais irá querer beber. Se você não estiver bebendo água suficiente, comece a fazê-lo imediatamente. Beba água pura e limpa, e se você não tiver esse tipo de água na torneira de sua casa, compre um filtro ou água engarrafada. A melhor maneira de desenvolver o hábito de beber água é mantê-la perto de você o tempo todo. Faça da água a sua bebida principal em casa.

Quanto menos escolhas você tiver na geladeira ou no armário, mais inclinado você ficará a escolher água.

Muitas pessoas dizem que não gostam de água, mas é apenas porque não estão acostumadas a bebê-la. Lembre-se de que o seu corpo acabará passando a desejar aquilo que você der a ele. Meu pai não gostava de água e não queria bebê-la — ele morreu porque seus rins falharam. A água é a única coisa que purifica o nosso corpo adequadamente das toxinas. A maior parte do nosso corpo é feita de água, e como a água evapora o tempo todo, precisamos substituí-la continuamente.

2. *Durma e descanse muito*

Já posso ouvir as desculpas bombardeando o seu cérebro. Você não tem tempo suficiente para dormir as oito horas de sono por noite recomendadas. Mas a verdade é que se você não fizer isso, seu tempo provavelmente se esgotará mais depressa do que imagina. Algumas pessoas não precisam dormir tanto quanto outras, mas a maioria de nós precisa de todas as horas de sono que puder ter. Se você está constantemente cansado, uma das primeiras coisas a perguntar a si mesmo é: "Estou dormindo o suficiente?" Nossa vida pode ser encurtada por não dormirmos e descansarmos o suficiente. A mente não funciona adequadamente sem as horas necessárias de sono, e o nosso sistema imunológico fica comprometido e se torna mais propenso a não ser capaz de lutar contra as doenças.

Acho muito interessante o fato de Deus ter nos criado com a capacidade de nos desligarmos de tudo e dormirmos. O nosso corpo entra em um estado de renovação e reparo durante o sono — durante esse tempo, somos mental, emocional e fisicamente renovados para o dia seguinte. Muitas pessoas têm problemas para dormir e talvez precisem de cuidados médicos, mas, na maioria das vezes, o fato de não conseguirmos dormir está relacionado ao estresse. Aprender a relaxar e descansar o ajudará a dormir melhor. Preciso descansar cerca de três a quatro horas à noite. Quando faço isso, durmo muito bem 99,9 por cento das vezes. Desenvolvi o hábito de dormir por volta das nove da noite e de me levantar às cinco da manhã, a não ser que eu esteja viajando e ministrando — isso funciona bem para mim e para os outros aspectos do meu estilo de vida. Creio que esse é um dos motivos pelos quais eu me sinto tão bem e posso realizar tantas coisas quanto realizo, embora em meu próximo aniversário eu vá fazer setenta anos. Talvez os meus horários não funcionem para você, e não estou sugerindo que você tenha de se adaptar a eles, mas você deve incluir em sua rotina um horário para se deitar e deve tentar dormir oito horas por noite.

A Palavra de Deus ordena que descansemos. Deus instituiu o *Shabat* não apenas para a adoração, mas também para o descanso. Precisamos honrar o princípio do *Shabat* em nossa vida, descansando regularmente. A maioria das pessoas com quem converso está cansada, e fala sobre a sua necessidade de descansar ou de tirar um tempo de folga, ou de tirar um tempo para si mesmas. Mas apenas falar não nos ajuda a melhorar a nossa saúde. Precisamos tomar uma atitude. Desenvolva o hábito saudável de dormir e descansar regularmente e você desfrutará muito mais o restante de sua vida.

3. Alimente-se com comida de qualidade

O Dr. Colbert chama os alimentos saudáveis de *comida viva*, e eles são vitais se quisermos obter os nutrientes que precisamos para o nosso corpo se manter vivo. Comer as coisas que crescem naturalmente na terra, como muitas frutas e vegetais, é uma das melhores formas de começar a sua jornada em busca de hábitos saudáveis. Esses alimentos vivos têm alto poder nutritivo e alto teor de fibras. Compre comida de qualidade (se possível orgânica), isso agradará ao seu paladar e você a achará muito mais saborosa. Infelizmente, a maioria dos alimentos pré-embalados foram destituídos de seus nutrientes naturais além de terem sofrido a adição de conservantes nem um pouco saudáveis para prolongar a sua durabilidade nas prateleiras.

Aprenda a ler os rótulos e você ficará impressionado com o que pode estar colocando dentro do seu corpo. Se você estiver escolhendo alimentos não somente para você, mas também para a sua família, a importância de fazer isso é maior ainda.

Coma mais peixe, frango e peru, e menos carne vermelha gordurosa. Se for possível, coma carne orgânica ou carne livre de hormônios. O ditado diz que nós somos o que comemos, e isso é muito mais verdadeiro do que queremos admitir.

Tenho certeza de que você está se perguntando se pode comer alguma sobremesa, e a minha resposta é: sim, com moderação. Alguns nutricionistas e especialistas em saúde lhe dirão para não comer açúcar, mas sei que isso é muito difícil, a não ser que você seja uma daquelas poucas pessoas que simplesmente não gostam de doces. Como sobremesa duas vezes por semana, e isso funciona para mim. Gosto de comer sobremesa, e não me privo disso, mas também não como em excesso. Como de forma saudável e me exercito, por isso acredito que ingerir um pouco de açúcar duas vezes por semana não irá me prejudicar. Dave não liga para açúcar e quase nunca come doce. Somos diferentes uns dos outros, razão pela qual você terá de desenvolver o próprio plano alimentar com a ajuda de Deus, e creio que Ele o orientará com base nas necessidades exclusivas do seu corpo. Uma das diretrizes fundamentais acerca da alimentação saudável é fazer tudo com moderação, adotando uma dieta que seja a mais variada possível. E, por favor, saboreie aquilo que você come. Creio que Deus nos deu papilas gustativas por uma razão: Ele quer que apreciemos aquilo que comemos.

Resolvendo o Problema do Sobrepeso

Sei que muitas pessoas sofrem por estarem acima do peso e que perder peso pode se tornar o foco de suas vidas. Eu também estive acima do peso por muitos anos e vivia fazendo inúmeras dietas, mas nenhuma delas funcionava em longo prazo. Com o tempo, percebi que a solução era desenvolver um estilo de vida saudável, e não fazer mais uma dieta. Creio que se você colocar o seu foco em ser saudável, e não em ser magro, você finalmente atingirá o seu peso ideal.

4. Exercício

O exercício tem um grande valor. Depois de já estar me exercitando na academia por um ano, meu treinador me disse que, mesmo se eu parasse de me exercitar naquele momento, ainda me beneficiaria durante mais quinze anos devido àquele único ano que eu havia dedicado ao exercício físico. Existem inúmeros tipos de exercício, e quero simplesmente incentivá-lo a escolher um que se adapte a você, um que você possa aprender a gostar e transformar em um hábito. Caminhe, ande de bicicleta, nade, faça um esporte de movimento, exercite-se com pesos ou compre um vídeo de exercícios. As escolhas são intermináveis, portanto escolha uma opção e comece. Ainda que você tenha a sensação de que não pode fazer muita coisa, fazer alguma coisa é melhor do que não fazer nada.

5. Suplementos

Nem todo mundo gosta da ideia de tomar vitaminas e outros suplementos, portanto essa escolha tem de ser sua. Dave e eu tomamos diversos tipos de suplementos porque queremos fazer tudo que for possível para garantir que estejamos saudáveis em termos nutricionais. Meu conselho seria que você tomasse pelo menos um complexo multivitamínico diariamente, um pouco de vitamina D extra e qualquer outra vitamina específica da qual precise. Por exemplo, algumas pessoas precisam tomar ferro e outras, não. Se você quer tomar suplementos, mas costuma se esquecer das coisas, use mecanismos que o ajudem a se lembrar. Coloque os comprimidos em um lugar onde você irá certamente vê-los, escreva um bilhete para si mesmo ou programe o alarme do seu telefone para lembrá-lo de tomar suas vitaminas.

6. Desintoxique-se

Todos nós acumulamos toxinas em nosso corpo, e essas toxinas precisam ser eliminadas. O acúmulo de toxinas pode ser a causa de vários tipos de mal-estar físico. Algumas toxinas são expelidas por meio da respiração, enquanto muitas outras são expelidas através dos rins e dos intestinos. O exercício nos faz suar, e essa é outra forma excelente de se desintoxicar. Existem as saunas caseiras, assim como outros métodos de desintoxicação disponíveis a respeito dos quais você pode pesquisar.

7. Lide com o estresse

Já falamos sobre o estresse neste capítulo, e ele também está incluído na lista do Dr. Colbert. Quero enfatizar novamente a importância vital de eliminar o máximo de estresse possível da sua vida.

Talvez você precise desenvolver vários hábitos saudáveis até ter a sensação de que sua saúde está em perfeito estado, e se esse for o caso, não se sinta sobrecarregado. Você pode começar identificando algo que come em demasia e cortar isso completamente ou aprender a comer com moderação. Talvez você possa começar a descansar e relaxar uma hora por dia, e observar que diferença isso faz em sua saúde. Tente usar uma parte da sua hora de almoço no trabalho para dar uma caminhada. Simplesmente tome algumas decisões, comece, e esteja decidido a desfrutar uma vida saudável, vibrante e cheia de energia.

CAPÍTULO

8

Comportamento 5:
O Hábito da Felicidade

> Feliz o homem que acha sabedoria,
> e o homem que adquire conhecimento.
>
> *Provérbios 3:13*

Todo mundo quer ser feliz. Na verdade, creio que esse desejo é a principal coisa que nos motiva a fazer a maior parte das coisas que fazemos. Mas será que sabemos realmente o que nos faz genuinamente felizes? E será que a felicidade é apenas um sentimento ou uma emoção que buscamos, ou é algo mais profundo?

Abraham Lincoln disse: "As pessoas são tão felizes quanto decidem ser." Concordo com ele. Estou convencida de que a felicidade é uma escolha e um hábito que podemos desenvolver. Primeiro escolhemos ser felizes, e depois os sentimentos seguirão essa decisão. O salmista Davi disse: "Este é o dia que fez o Senhor; regozijemo-nos, e alegremo-nos nele" (Salmos 118:24). A afirmação "regozijemo-nos e alegremo-nos" é o fator decisivo para desfrutarmos o nosso dia. Se você não decidir ser feliz, haverá sempre alguma coisa para roubar a sua alegria e envenenar a sua felicidade.

Jesus nos disse que no mundo teremos aflições, e nos deu a sugestão de que tivéssemos bom ânimo (João 16:33). A alegria nos dá força para lidarmos com os nossos problemas. A tristeza de qualquer espécie suga a nossa energia e abate o nosso espírito. Um dos melhores hábitos que você pode desenvolver é o hábito de ser feliz. Quanto mais dias felizes tiver, mais você se recusará a ser infeliz. Ficar infeliz, independentemente de qual seja o motivo, é um desperdício de tempo e não muda nada, então, por que aceitar isso?

> A cada manhã quando abro meus olhos, digo a mim mesmo: sou eu, e não as circunstâncias, quem tem o poder de me fazer feliz ou infeliz hoje. Cabe a mim escolher um dos dois. O ontem está morto, o amanhã ainda não chegou. Tenho apenas um dia, hoje, e serei feliz nele.
>
> *Groucho Marx*

Parece que Groucho Marx também concordava com o salmista Davi, que por sua vez concordava com Deus. Deus quer que sejamos felizes e desfrutemos a vida. Jesus disse que Ele veio para que pudéssemos ter vida e a desfrutássemos em abundância (João 10:10). Você quer tomar a decisão de deixar Jesus feliz sendo feliz também?

Outro pensamento similar bastante poderoso é: "O ontem é história, o amanhã é um mistério, mas o hoje é uma dádiva."

Comportamento 5: O Hábito da Felicidade

Foco

Quando focamos nosso tempo e atenção nas coisas que achamos ruins, nos sentimos tristes, zangados ou ansiosos. Focar nas coisas boas faz com que nos sintamos bem, animados, cheios de energia e entusiasmados. Dizem que focar nas coisas boas é a primeira lei da felicidade porque aquilo em que colocamos nosso foco (aquilo em que pensamos) determina os nossos sentimentos. Deus nos deu a capacidade de escolher a felicidade independentemente do que esteja acontecendo ao nosso redor. Não estou sugerindo que ignoremos os nossos problemas, mas há uma grande diferença entre se concentrar neles e trabalhar para resolvê-los ou solucioná-los.

Você nunca será feliz de verdade se acredita que a felicidade é determinada pelo que está acontecendo ao seu redor ou com você. Você acredita que pode escolher ser feliz e fazer disso um hábito? Se acredita, então é hora de começar a trabalhar para mudar a sua postura e a sua perspectiva, procurando ver sempre o melhor em tudo. Uma pessoa negativa não pode ser feliz, e uma pessoa que escolhe ser sempre positiva não pode ser infeliz, pelo menos não por muito tempo.

Examine Seus Objetivos

Você está buscando a coisa certa? Costumamos pensar que algo nos fará felizes se pudermos alcançá-lo, e nos decepcionamos quando atingimos o nosso objetivo e descobrimos que continuamos tão infelizes quanto antes. A experiência nos ensina que os objetivos que alcançamos não podem nos manter felizes por muito tempo. Muitas pessoas viveram a experiência de colocar a sua carreira na frente de tudo. Elas trabalham em uma quantidade excessiva de horas, ignorando relacionamentos pessoais e familiares, e em geral costumam acabar ricas, solitárias e, muitas vezes, doentes. Elas podem comprar qualquer coisa que quiserem, mas não têm ninguém com quem compartilhar essas coisas, e mesmo se tivessem, não se sentiriam bem o bastante para desfrutar delas.

Relacionamentos saudáveis e boa saúde são duas coisas que alimentam a felicidade, e elas devem estar no topo da nossa lista de objetivos.

Como eu já mencionei anteriormente, o nosso objetivo número 1 deve ser desenvolver um relacionamento pessoal próximo e íntimo com Deus por intermédio de Jesus Cristo. Estar em comunhão contínua com Deus e aprender a obedecer a Ele em todas as coisas o tornará mais feliz do que você pode imaginar. Se Deus é Vida, como podemos esperar desfrutar a vida sem Ele? Quando as pessoas estão tão ocupadas em sua escalada rumo ao sucesso a ponto de não terem tempo para Deus, elas podem chegar ao topo, mas descobrirão que estavam escalando a montanha errada. Depois de passarem a vida tentando chegar a determinado lugar, elas podem descobrir que não era ali que elas queriam estar no final.

Na minha busca pessoal pela felicidade, descobri que me sinto mais feliz quando faço algo pelas outras pessoas. Se vivermos para fazer os outros felizes, Deus trará uma colheita de alegria para nossa vida. Amar a Deus e as pessoas é a chave da felicidade diária para mim. Não importa que tipo de problema eu tenha, se eu focar no que posso fazer para colocar um sorriso no rosto de outra pessoa, descubro que isso me faz feliz. A psicóloga Greta Palmer disse: "Só são felizes aqueles que têm em mente algum outro objetivo além da própria felicidade... A felicidade dos outros... O aperfeiçoamento da humanidade." Com relação a servir aos outros, Jesus disse: "Se vocês sabem essas coisas, bem-aventurados e felizes e dignos de ser invejados serão vocês se as praticarem (se agirem de acordo com elas e realmente as fizerem)" (João 13:17).

Em Que Você Acredita?

Nossas convicções pessoais podem afetar grandemente o nível da nossa alegria e felicidade. Precisamos crer que Deus nos ama e que temos um propósito na vida. As pessoas sem propósito costumam ser muito infelizes, assim como as pessoas que não se sentem amadas. Você é amado e Deus está com Seus olhos voltados para você todo o tempo. Ele tem um bom plano para a sua vida e precisa que você cumpra o seu papel no Seu grande plano.

Você acredita que há esperança de que as coisas mudem independentemente de quais sejam as suas circunstâncias atuais? Descobri que as pessoas que têm esperança são as pessoas mais felizes do mundo. A esperança é poderosa. Considere a seguinte passagem da Bíblia:

> Além do mais [estejamos também cheios de alegria agora!] vamos exultar e triunfar nos nossos problemas e nos alegrar nos nossos sofrimentos, sabendo que a pressão, a aflição e a dificuldade geram tolerância paciente e inabalável.
>
> E a tolerância (bravura) desenvolve a maturidade do caráter (fé aprovada e integridade provada). E o caráter [desse tipo] gera [o hábito da] alegre e confiante esperança de salvação eterna. Essa esperança nunca nos decepciona, engana ou envergonha...
>
> *Romanos 5:3-5a*

Se acreditamos que os nossos problemas estão produzindo em nós um caráter sólido e uma integridade inabalável, então podemos ter alegria e uma esperança confiante mesmo em meio a eles. As pessoas que podem permanecer felizes, independentemente de quais sejam as suas circunstâncias, são realmente poderosas.

Examine o seu sistema de crenças e veja se algumas de suas convicções estão contribuindo para a ausência de felicidade em sua vida. Você está confiando (crendo) em Deus em todas as áreas de sua vida? A Bíblia diz em Romanos 15:13 que encontramos alegria e paz quando cremos.

O que você acredita sobre si mesmo? Se você acredita que é um fracasso, que não é amado, que não tem valor e que é tarde demais para ter uma vida de qualidade, então você precisa mudar o que acredita sobre si mesmo. Creia no que Deus diz sobre você na Sua Palavra, e não no que os outros lhe disseram, ou mesmo em como você se sente. Mude sua mentalidade e comece a crer em coisas que o fazem mais feliz.

O Que Você Está Esperando?

Você está deixando a felicidade para mais tarde? Pessoalmente, tenho tentado não dizer: "Serei feliz quando...", e estou simplesmente sendo feliz agora. Caímos na armadilha de pensar: "Ficarei feliz quando a sexta-feira chegar, eu receber meu pagamento e tiver o fim de semana livre." Ou: "Ficarei feliz quando entrar de férias", ou "quando me aposentar e não tiver mais de trabalhar", ou "quando as crianças crescerem e puder fazer o que quiser da minha vida". Pode haver um milhão de "quandos" que nos impedem de desfrutar o *agora*. Tome a decisão de não basear a sua felicidade em algum evento futuro, e

Comportamento 5: O Hábito da Felicidade

seja feliz hoje! Seria melhor dizer: "Vai ser bom quando minhas férias chegarem, mas estou feliz agora."

Aprenda a desfrutar a vida cotidiana, porque é nisso que consiste a maior parte da vida. Não podemos basear a nossa felicidade nos poucos eventos especiais que temos no curso da nossa vida, porque se fizermos isso, perderemos muitas oportunidades de ser feliz. Você não tem de ser feliz apenas na sexta; você também pode ser feliz no sábado, no domingo, na segunda, na terça, na quarta e na quinta. Vá em frente e tente ser feliz todos os dias; você descobrirá que pode fazê-lo, se quiser.

A única maneira de evitar que nos arrependamos amanhã é fazer escolhas melhores hoje. O que você fará com o hoje? Deus o deu a você como uma dádiva, e eu o incentivo a não desperdiçá-lo ficando triste por algo que a sua tristeza não será capaz de mudar.

Você está esperando que alguma força externa o impulsione a se sentir feliz? Se esse for o caso, você pode ter de esperar por muito, muito tempo. Desenvolva o hábito de decidir como viverá os seus dias, sem esperar para ver como irá se sentir em cada um deles. A única coisa a fazer com a vida é aproveitá-la, e isso só vai acontecer se você fizer disso um hábito. Se a sua tendência natural é se sentir triste e infeliz (o que também é um hábito), coloque algumas carinhas felizes pela casa para lembrar que deve começar a sua jornada rumo à felicidade sorrindo mais. Sorrir fará você se sentir um pouco mais feliz, e talvez você acabe se viciando nessa sensação, querendo-a cada vez mais.

Você está esperando que alguém que faz parte de sua vida mude o comportamento que tem para então você poder ser feliz? Se for esse o caso, você está cometendo um grande erro. Por que permitir que as escolhas de outra pessoa determinem o quão feliz você está? Além disso, nenhuma outra pessoa pode fazer de você alguém permanentemente feliz — nem o seu cônjuge, nem o seu filho, nem o seu amigo.

Melanie é uma mulher de sessenta anos que foi casada por mais de quarenta. Seu marido, Don, é professor de História em um pequeno colégio cristão. Don sempre amou História e sente uma enorme satisfação em ensinar. A Guerra Civil é sua paixão, e no seu tempo livre ele escreve livros sobre batalhas específicas ou personagens que tiveram destaque na guerra.

Um dia, Melanie confidenciou a uma amiga que ela fora infeliz durante muitos anos porque Don não ganhava dinheiro suficiente para lhe proporcionar boas viagens de férias ou outras coisas que ela desejava, como belos móveis para a casa ou um guarda-roupa incrível. Na maioria das vezes em que Melanie reclamava, suas amigas tinham pena dela e diziam que ela merecia ter coisas boas. Mas uma amiga em particular disse: "Melanie, Don não é responsável pela sua felicidade. Você é. Don ama o trabalho dele; ele não está interessado em ficar rico, e mesmo se estivesse, ele tem sessenta anos, então, faça as contas. Se você quer ser feliz, é melhor pensar no que pode fazer a esse respeito, porque essa não é a função de Don."

Seis anos se passaram desde o dia dessa conversa, e essa amiga me disse que Melanie recentemente escreveu-lhe uma carta agradecendo por ela ter sido amorosa, porém dura em suas palavras. Melanie assumiu a responsabilidade pela própria felicidade, e disse que seu casamento nunca esteve melhor. Não apenas isso, ela descobriu que é uma dramaturga. Melanie escreveu uma peça que está sendo representada em teatros regionais. Ela agora se sente feliz e realizada.

Não podemos controlar as pessoas, e quanto mais cedo aprendermos isso, mais felizes seremos. Nos últimos anos entendi que a causa da maior parte dos meus "dias infelizes" é o que as outras pessoas fazem ou deixam de fazer. Alguém pode me ofender ou ferir meus sentimentos. As pessoas que amo podem fazer escolhas que as ferem, e porque eu as amo, essas escolhas me magoam. Às vezes as pessoas são rudes e desrespeitosas, e isso me magoa. Realmente somos feridos pelas pessoas e nos decepcionamos com elas, mas não temos de permanecer reféns do que elas fazem. Podemos entender que elas estão ferindo a si mesmas mais do que a nós, permitindo que esse entendimento nos motive a orar sinceramente por elas em vez de sentirmos pena de nós mesmos e perdermos a nossa alegria.

Assuma sua responsabilidade pela própria alegria e felicidade e nunca mais volte a baseá-la no que outra pessoa faz ou deixa de fazer.

Pense Menos e Ria Mais

Rir é tirar férias instantâneas.

Milton Berle

Quando rimos, nos esquecemos momentaneamente de todas as nossas preocupações e lutas. O riso é maravilhoso! Ele nos enche de energia e é uma das coisas mais saudáveis que podemos fazer. Às vezes pensamos demais, tentando racionalizar muito as coisas e ficamos tão tensos que nos esquecemos de rir de nós mesmos, assim como de muitas outras coisas na vida.

O riso pode tirar uma pessoa da depressão e do desespero, e pode transformar um dia comum em um dia memorável. Minha filha Laura e eu parecemos ser capazes de rir de quase tudo. Temos personalidades muito diferentes uma da outra, mas a nossa química juntas é hilariante. Em vez de ficar irritada com as nossas diferenças, ela me acha divertida e eu sinto o mesmo a respeito dela. Quando amamos as pessoas incondicionalmente, permitimos que elas sejam elas mesmas sem ficarmos irritados com tudo o que elas fazem diferente de nós.

Eu incentivo você a encontrar urgentemente algumas pessoas que o façam rir e a passar mais tempo com elas. O riso é provavelmente muito mais importante do que você imagina. Dave e eu tentamos rir sempre que podemos.

Deus me disse uma vez que eu pensava demais. Eu era uma pessoa bastante profunda e intensa que queria entender todos os meus atos, assim como cada pessoa e evento em minha vida. Ficar analisando tudo só me deixava confusa. Eu desperdiçava muito tempo tentando entender coisas que Deus ainda não estava pronto para me explicar. Eu precisava aprender a me sentir confortável com a ideia de não saber essas coisas. Você é capaz de fazer isso? Você consegue seguir em frente e desfrutar o seu dia mesmo sem saber a resposta para algo, ou você é como eu era, profunda, intensa e sem alegria? Sou grata porque Deus me ajudou a desenvolver o hábito da felicidade, e oro para que você comece imediatamente a desenvolvê-lo também, se é que você ainda não fez isso.

As crianças riem em média 150 vezes por dia, ao passo que os adultos só riem de quatro a oito vezes por dia. Não é de admirar que Deus nos diga na Sua Palavra que precisamos nos tornar como criancinhas. Mark Twain disse que a nossa arma mais eficaz é o riso. Talvez você esteja pensando: *Bem, Joyce, você simplesmente não sabe como a minha vida é infeliz, e se soubesse, não estaria me dizendo para rir.* Entendo que existem coisas trágicas que acontecem na vida e certamente há momentos em que rir não é apropriado, mas existem muitas coisas que permitimos que nos deixem tristes quando seria melhor se ríssemos mais.

Você Está Deixando "Você" Torná-lo Infeliz?

Uma grande parte da nossa infelicidade é causada pelo simples fato de não estarmos felizes com nós mesmos. Não estamos felizes com a nossa aparência, com os nossos talentos ou com o fato de não sermos perfeitos. Talvez estejamos nos comparando com os outros em vez de ficarmos felizes em ser a pessoa que fomos destinados a ser.

Todos nós cometemos erros, e embora queiramos levar a sério as mudanças que precisam ser feitas em nossa vida, também é bom aprender a rir de nós mesmos e não sermos tão dramáticos acerca de cada pequeno erro que cometemos. Todos nós temos defeitos e provavelmente continuaremos a ter alguns enquanto estivermos vivos, portanto relaxe e não se leve tão a sério. Ethel Barrymore disse: "Crescemos no dia em que finalmente rimos de nós mesmos verdadeiramente pela primeira vez." Aprenda a gostar de si mesmo!

Você passa mais tempo consigo mesmo do que com qualquer outra pessoa; portanto, se puder aprender a apreciar a própria companhia, isso exercerá uma grande influência positiva em sua qualidade de vida. Não faça uma lista diária de todos os seus defeitos nem fique se lamentando por eles. Confie em Deus para lhe mostrar o que precisa ser transformado, e trabalhe lado a lado com o Espírito Santo nessas mudanças. Eu mudei muito ao longo de trinta e cinco anos andando com Deus, e ainda há mais mudanças que preciso fazer. Gostaria de ter aprendido a gostar de mim mesma muito antes do que aprendi ao longo da minha jornada, mas pelo menos posso lhe dar um bom conselho. Ficar infeliz comigo mesma não me fez mudar mais depressa, e isso não ajudará você também. Eu o encorajo grandemente a aproveitar cada passo da sua jornada em direção à maturidade espiritual.

Só Se Vive Uma Vez

Quer você esteja pronto ou não, um dia a sua vida chegará ao fim. Você não terá uma segunda chance, portanto certifique-se de viver ao máximo esta única vida que você tem. A sua vida é uma preciosa dádiva de Deus, e seria trágico se você a vivesse sendo infeliz. Coloque o hábito da felicidade na sua lista de bons hábitos a serem desenvolvidos, e à medida que o fizer, o hábito de ser triste não encontrará mais lugar em sua vida.

Ter uma vida que valha a pena viver não acontece por acaso — é algo que precisamos escolher de modo consciente. Posso verdadeiramente dizer que sou uma pessoa genuinamente feliz hoje, mas só passei a ser assim quando escolhi ser feliz.

CAPÍTULO

9

Comportamento 6: O Hábito da Fé

Tudo o que vi me ensina a confiar no Criador quanto
a tudo o que não vi.

Ralph Waldo Emerson

Viver pela fé em Deus retira a pressão de cima de nós e permite que desfrutemos da vida como um todo de uma maneira muito melhor. A fé é a vontade de Deus, e creio que ela pode e deve se tornar um hábito. A Bíblia diz em Hebreus 11:6 que sem fé não podemos agradar a Deus. Romanos 14:23 diz que qualquer coisa que façamos que não seja por fé é pecado. Romanos 1:17 diz que a justiça é revelada na Palavra de Deus, e que ela nos leva de fé em fé. Para mim, isso significa que devemos estar andando em fé a todo o tempo. Devemos fazer disso um hábito! Fé é confiar no que Deus diz em Sua Palavra, embora você talvez ainda não veja qualquer evidência da sua realidade. Fé é o que nos liga a um Deus onipotente. Quando deixamos de depender de Deus, provocamos um curto-circuito na fé, gerando dois resultados trágicos: impotência e falta de esperança.

Ora a fé é a certeza (a confirmação, o título de propriedade) das coisas que [nós] esperamos, sendo a prova de coisas que [nós] não vemos *e* a convicção da sua realidade [a fé percebendo como um fato real o que não é revelado aos sentidos].

Hebreus 11:1

Pois ouvimos falar da sua fé em Cristo Jesus [a dependência de toda a sua personalidade humana nele, em absoluta confiança no Seu poder, sabedoria e bondade] e do amor que vocês [têm e demonstram] por todos os santos (os consagrados por Deus).

Colossenses 1:4

Esses dois versículos da Bíblia nos dão uma definição muito clara da essência da fé. A fé nos enche de expectativa e esperança.

A verdadeira fé nunca anda sozinha; ela está sempre acompanhada da expectativa. O homem que crê nas promessas de Deus espera vê-las se cumprirem. Onde não há expectativa, não há fé.

A. W. Tozer

A vontade de Deus é que vivamos pela fé em todo o tempo. Talvez você esteja pensando em todos os maus hábitos que precisa quebrar e em todos os bons hábitos que precisa desenvolver, e se sinta sobrecarregado com isso. A tendência da sua mente é pensar: *Isto é muito para mim, nunca vou conseguir.* É aí que entra a fé. Você pode dizer: "Não sei como vou conseguir fazer isso, mas estou na expectativa de que Deus irá me ajudar. Com Deus, todas as coisas são possíveis."

Simplesmente parta de um ponto e continue seguindo em frente dia após dia. Anime-se com qualquer progresso feito e recuse-se a desanimar com a distância que ainda tem a percorrer. Deus está satisfeito por você ter começado a sua jornada em direção ao desenvolvimento de hábitos melhores.

Você Tem Toda a Fé de que Precisa

Algumas vezes ouço as pessoas dizerem: "Simplesmente não tenho fé suficiente." Mas a verdade é que todos nós temos a fé de que precisamos para fazer a vontade de Deus para nós, independentemente de qual ela seja. "Deus deu a cada um de nós uma medida de fé" (Romanos 12:3). Todos nós temos fé, mas a chave para o sucesso é colocá-la no lugar certo. Se colocar a sua fé em si mesmo ou nas outras pessoas, você acabará se decepcionando, mas se colocar a sua fé em Deus, ficará impressionado com o que Ele pode fazer através de você.

Quando me sento diante do computador para começar a escrever um novo livro, embora eu tenha um tema em mente e tenha feito algumas pesquisas, ainda não sei ao certo o que vou dizer. Às vezes, começar é a parte mais difícil. Fico sentada ali, olho para o teclado, e então finalmente coloco os dedos nas teclas e as palavras começam a vir ao meu coração. Então, dia após dia e capítulo após capítulo, pela fé, finalmente termino o livro. Suspiro de alívio e satisfação porque mais um projeto foi concluído.

A fé exige que entremos em ação. Precisamos *começar*, e se o que estamos fazendo é da vontade de Deus, Ele nos ajudará a chegarmos ao fim se continuarmos seguindo em frente com fé dia após dia.

Você tem fé, mas talvez ela precise crescer, e isso acontece à medida que você a utiliza. Uma pequena fé pode se tornar uma grande fé à medida que você começa a agir com base nas promessas de Deus. Pedro foi o único discípulo que andou sobre as águas, mas ele também foi o único que confiou em Deus o suficiente para sair do barco. Você está pronto para deixar de conhecer a fé apenas na teoria e começar a dar passos de fé na prática? Creio que todos nós recebemos a mesma dose inicial de fé, mas algumas pessoas nunca usam sua fé, por isso ela nunca cresce. À medida que damos passos de fé em obediência a Deus, experimentamos a Sua fidelidade, e então a nossa fé se fortalece.

Preste atenção na história deste acrobata que andava na corda bamba.

Um homem audacioso que atendia pela alcunha de "Grande Blonden" impactou multidões ao fazer proezas que desafiavam a morte sobre as Cataratas do Niágara. Apontando para a corda suspensa sobre um trecho das cataratas, esse sujeito corajoso provocou a multidão ali reunida dizendo: "Quem acredita que posso empurrar este carro sobre as cataratas em cima desta corda?" Mãos ergueram-se em meio à multidão. O Grande Blonden apontou então para um homem que havia levantado sua mão e o desafiou: "Se você acredita mesmo, entre no carro!" Ninguém se aventurou. Deus diz para entrarmos em ação se levamos algo a sério.

Agora, veja esta outra história.

Um homem caiu de um penhasco, mas conseguiu agarrar-se a um galho de árvore quando estava caindo. Este diálogo teve início em seguida:

Comportamento 6: O Hábito da Fé

— Tem alguém aí em cima?
— Estou aqui. Sou o Senhor. Você crê em mim?
— Sim, Senhor, creio. Realmente creio, mas não posso me segurar por muito mais tempo.
— Tudo bem. Se você realmente acredita que não tem nada com o que se preocupar, Eu o salvarei. Apenas solte o galho — disse o Senhor.
Fez-se uma pausa, e então, o homem disse:
— Tem alguém aí em cima?

Você está comprometido em viver pela fé, ou está simplesmente *falando sobre* fé? A fé está em nós, mas ela precisa ser liberada, e isso acontece por meio de orações, palavras e ações. A oração leva os nossos pedidos cheios de fé até o trono de Deus e Ele as responde. Ore com ousadia, pois Ele é capaz de fazer mais do que podemos imaginar (ver Efésios 3:20 e Hebreus 4:16).

O que está no seu coração sairá pela sua boca. Preste atenção no que diz, pois isso muitas vezes o ajudará a descobrir quanta fé você realmente possui. Uma pessoa de fé consegue falar coisas positivas a respeito de uma situação, mesmo quando as circunstâncias permanecem as mesmas. Uma pessoa pode ter ouvido centenas de ensinos bíblicos sobre fé, mas posso perceber se ela realmente tem fé ou não apenas escutando-a falar por algum tempo. Palavras em concordância com a Palavra de Deus liberarão a fé e permitirão que ela entre em ação na esfera sobrenatural.

Entrar em ação libera a fé. Quando me sento diante do computador e coloco as mãos nas teclas, estou entrando em ação. Estou liberando a minha fé, e Deus então se manifesta. Isso não funcionaria para uma pessoa que não tem o dom de escrever, mas embora eu tenha o dom, ainda assim devo começar pela fé e continuar, ao longo do processo, também pela fé.

Quando Pedro saiu do barco, seu gesto provou que ele tinha fé na Palavra de Deus quando ouviu Jesus dizer: "Vem." Deus está lhe pedindo para fazer alguma coisa e você está esperando chegar o momento em que se sentirá seguro? Se for esse o caso, isso não é fé. Para fazer ou ter coisas maiores, geralmente é necessário abrirmos mão do que temos e avançarmos em direção ao desconhecido. Deus disse a Abraão para deixar o seu país, a sua casa e os seus parentes, e ir para uma terra que Ele lhe mostraria somente depois que Abraão estivesse a caminho. Ele tinha de partir, sem saber para onde estava indo. Isso é fé!

Fé Para a Vida Diária

O tipo de fé sobre o qual estamos falando é o exigido em desafios e tarefas maiores do que aquelas com as quais fomos confrontados anteriormente. Mas também há o tipo de fé que precisamos ter na vida diária — fé para pagar as contas, para manter um bom emprego, para criar os filhos, para fazer o casamento dar certo, para conviver com as pessoas, etc. Ter fé na vida cotidiana é vital se quisermos nos livrar do estresse e desfrutar a vida. O hábito da fé não deixará espaço para o hábito da preocupação. Ele também elimina o hábito do medo. Desenvolver o hábito de simplesmente confiar em Deus em todas as situações o ajudará a vencer muitos outros maus hábitos.

Verbalize a sua fé. Diga com frequência: "Confio em Deus." Ou "Creio que Deus está trabalhando em minha vida e em minhas circunstâncias neste instante." Falamos por fé, e então, ao falarmos, nossa fé se torna ainda maior. Na Bíblia, Davi disse: "Direi do SENHOR, Ele é o meu Refúgio e a minha Fortaleza, o meu Deus; nele me firmo, dele dependo e nele confio!" (Salmos 91:2).

A melhor maneira de derrotar a preocupação e o medo é resistindo a eles no momento em que eles tentarem entrar na sua mente. O apóstolo Pedro disse que devemos resistir ao diabo desde o início (1 Pedro 5:9). Erga o escudo da fé, e com ele você poderá destruir todos os dardos inflamados do maligno (Efésios 6:16). Desenvolvendo o hábito da fé você terá um escudo contra muitas das emoções negativas que nos atormentam. Podemos aprender a viver pela fé (Romanos 1:17).

A fé está repleta de expectativa e esperança, e ela nunca desiste. Alguém disse muito acertadamente: "Quando a fé vai ao mercado, ela sempre leva uma cesta." Mantenha a sua cesta à mão porque Deus pode enchê-la a qualquer momento.

Fé para o Passado

Podemos ter hoje uma fé que trate com todos os nossos erros e falhas do passado. Lamentar o ontem pode arruinar o hoje se não vivermos por fé. O diabo quer que pensemos que não podemos superar o nosso passado, ou que é tarde demais para termos uma vida de qualidade, mas ele é um mentiroso. A Palavra de Deus nos ensina a deixar o passado para trás pela fé e avançarmos para as coisas que estão diante de nós. Se você está preocupado com alguma coisa que aconteceu no passado, medite neste versículo da Bíblia e deixe que ele o encoraje a confiar em Deus.

Eis que estou fazendo uma coisa nova! Ela está surgindo agora; vocês não a percebem, não sabem e não vão dar ouvidos a ela? Farei um caminho no ermo e rios no deserto.

Isaías 43:19

O que esse versículo diz pode ser uma realidade em sua vida se você simplesmente liberar a sua fé e crer que, não importa o que tenha acontecido no passado, Deus é maior que o seu passado. Ele perdoará os seus pecados, transformará os seus erros em milagres e o deixará impactado com as coisas boas que fará em sua vida.

Fé para o Futuro

Todos nós achamos que seria ótimo conhecer o futuro. As pessoas que não sabem como confiar em Deus podem gastar milhares de dólares consultando cartomantes e supostos médiuns na esperança de ter um vislumbre do futuro. Mas elas não precisam jogar dinheiro fora, porque Deus é o Único que conhece o futuro. Ele pode escolher falar sobre o futuro através de um dos Seus profetas, mas geralmente Ele simplesmente quer que confiemos nele. A pergunta "O que vou fazer?" passa frequentemente pela mente de todos nós, mas não temos de abrigá-la. Não sei exatamente o que o futuro me reserva, mas creio que independentemente do que for, será o plano bom e perfeito de Deus. Um homem cristão costumava dizer: "Não sei o que o futuro me reserva, mas sei Quem tem o futuro em Suas mãos."

Todas as vezes que uma preocupação em relação ao futuro vier à nossa mente, podemos imediatamente escolher ter fé em Deus em vez de nos preocuparmos.

Comportamento 6: O Hábito da Fé

Vivemos em um mundo muito instável, cada vez somos mais pressionados a nos preocuparmos com isso. E se a economia entrar em colapso total? E se eu perder meu emprego e todas as minhas economias para a aposentadoria? Dirijo por cem quilômetros diariamente indo e voltando do trabalho, portanto, o que vou fazer se o preço da gasolina continuar subindo? Nunca tive filhos; quem cuidará de mim quando estiver velha? As perguntas e divagações serão intermináveis se permitirmos que a nossa mente vá nessa direção, mas também podemos escolher desenvolver o hábito da fé. Não conhecemos todas as respostas, mas podemos conhecer Deus — Ele conhece as respostas. Quando a fé for um hábito, não desperdiçaremos o nosso tempo e a nossa energia com a preocupação.

Talvez haja uma situação com a qual você sabe que terá de lidar futuramente. Ela parece se tornar cada vez maior à medida que você avança, mas você simplesmente não se sente preparado para enfrentá-la. Não se preocupe. Deus lhe dará a graça, a sabedoria e a força de que você precisa quando chegar a hora. Até lá, tenha fé!

A Jornada do Medo à Fé

Nosso instinto natural é sentir medo e tentar nos proteger e preservar, mas Deus nos convida para uma vida de fé. O medo é atormentador. Infelizmente, às vezes as pessoas viveram por tanto tempo com medo que não entendem que isso não é normal. Podemos desenvolver padrões de comportamento que nos permitam continuar vivendo com a nossa disfunção.

Tive muitos medos em minha vida por ter sido criada em um lar abusivo e disfuncional. Aprendi a continuar vivendo com esses medos, mas à medida que fui estudando a Palavra de Deus, também aprendi que eu não precisava viver com eles. Aprendi que havia um caminho melhor — o caminho da fé. Entretanto, ir do medo à fé foi e ainda é uma jornada. Eu tinha medo de ser rejeitada, de desagradar às pessoas e de não ser realmente amada por quem eu era. Eu tinha medo do que pensariam a meu respeito. Minha reputação significava muito para mim. Eu temia o fracasso, temia fazer as escolhas erradas e temia ser julgada ou criticada por minhas decisões e meus atos. Eu também temia os erros cometidos no passado, o futuro desconhecido, temia não ter dinheiro suficiente para cuidar de mim mesma, e temia ter de depender de outra pessoa.

Posso dizer verdadeiramente que nenhum desses medos prevalece em minha vida hoje. Eles podem querer de tempos em tempos mostrar a sua cara feia, mas já não sou mais controlada por eles. Desenvolvi o hábito da fé, e você também pode fazer isso.

Aprender sobre o amor incondicional de Deus e recebê-lo é o que nos liberta do medo. Nada mais o fará! O perfeito amor lança fora o medo (1 João 4:18). Só Deus pode oferecer o perfeito amor, e você pode recebê-lo pela fé. Creia no que Deus diz na Sua Palavra e comece a receber o Seu amor por você, permitindo que Ele o liberte de todo medo. A fé opera pelo amor (Gálatas 5:6). Como podemos colocar a nossa confiança em Deus se não estivermos convencidos de que Ele nos ama em todo o tempo? Conhecer e crer no amor de Deus é um dos ingredientes principais para podermos viver uma vida de fé.

A fé sobe a escada que o amor construiu e olha pela janela que a esperança abriu.

Charles H. Spurgeon

Comportamento 6: O Hábito da Fé

A Bíblia diz frequentemente: "Não temas, porque Eu sou contigo." Deus está com você e prometeu nunca deixá-lo ou abandoná-lo. Você não cresce na fé desejando sentir-se ou não de certa maneira — você cresce entrando em ação e confiando nas promessas de Deus. Cada vez que o faz, você adquire experiência e isso o ajudará a confiar da próxima vez. Não fique desanimado se você levar algum tempo para desenvolver o hábito da fé. Não creio que alguém seja capaz de agir com uma fé perfeita, mas felizmente podemos continuar a crescer. Você não está satisfeito por saber que não precisa ser perfeito em nada e por isso não precisa se sentir pressionado? Jesus Cristo, aquele que é Perfeito, abriu o caminho para nós, e podemos segui-lo, um passo de cada vez.

Lembre-se disto: Deus se agrada de você desde que você continue seguindo em frente, e Ele não está decepcionado com você porque você não é perfeito. A nossa infidelidade não muda a fidelidade de Deus (2 Timóteo 2:13).

Aceitação com Alegria

O hábito da fé permite que aceitemos as nossas circunstâncias, sejam elas quais forem, com alegria, porque confiamos que Deus faz com que todas as coisas cooperem para o nosso bem (Romanos 8:28). Podemos confiar em Deus independentemente de como as coisas estejam ou de como nos sintamos. A sra. Charles E. Cowman, autora de *Mananciais no Deserto*, disse: "Precisamos crer na Palavra de Deus. A experiência revela que a fé em Deus não fará o sol brilhar mais cedo, mas fará a noite parecer mais curta."

Confiar é simplesmente pedir a Deus o que você quer, precisa ou deseja, e dar a Ele o respeito e a honra que lhe são devidos, permitindo que Ele faça isso acontecer quando e como achar melhor. Deus não quer necessariamente nos ouvir perguntar por que e quando, mas ama nos ouvir dizer: "Confio em Ti."

Deus quer que confiemos nele em meio às situações, e não simplesmente porque queremos algo. Os nossos caminhos não são os caminhos dele, mas os caminhos dele são perfeitos. O Seu tempo não é o nosso, mas Ele nunca se atrasa. O hábito da fé nos ajudará a manter o hábito da felicidade.

> Tudo o que vocês pedirem em oração, (confiem e fiquem confiantes) de que lhes será concedido, e vocês [o receberão].
> *Marcos 11:24*

Esse versículo é muito animador, mas precisamos entender que ele não nos diz *quando* receberemos o que pedimos. Herdamos as promessas de Deus por meio da fé e da paciência (Hebreus 6:12). A nossa impaciência não fará Deus se apressar, e é sempre preferível que esperemos com alegria. Aceitação com alegria é uma prova de fé. A nossa atitude diz em alto e bom som: "Creio que Deus é perfeito em todos os Seus caminhos, e sei que estou nas mãos dele."

Entregue-se a Deus

Abra mão totalmente de tentar controlar sua vida e as circunstâncias que o cercam, e confie em Deus para tudo. Entregar-se é esquecer inteiramente o passado, deixar o futuro inteiramente nas mãos de Deus e ficar totalmente em paz com o presente, sabendo que neste momento você está vivendo a vontade perfeita de Deus para sua vida. Watchman Nee, um cristão chinês poderoso que foi martirizado por sua fé, tendo inclusive sua língua cortada por pregar, morreu com este bilhete debaixo de seu travesseiro.

> Cristo é o filho de Deus. Ele morreu para expiar o pecado do homem, e depois de três dias ressuscitou. Esse é o fato mais importante do universo. Eu morro acreditando em Cristo.
>
> *Watchman Nee*

Ele tinha o hábito da fé. Nada podia pará-lo, nem mesmo o sofrimento ou a morte. Se nós conseguirmos aprender a viver com esse tipo de fé, toda a nossa vida se tornará uma alegria extraordinária, e permaneceremos em perfeito descanso enquanto esperamos em Deus.

CAPÍTULO

10

Comportamento 7:
O Hábito da Excelência

> Para que vocês possam sem dúvida aprender a perceber
> o que é vital, e aproveitar e valorizar o
> que é excelente e de real valor...
> *Filipenses 1:10*

É muito fácil ser uma pessoa medíocre. Basta não fazer qualquer espécie de esforço extra e se deixar levar pela correnteza da vida, sem fazer diferença no mundo — isso garantirá que você não deixe nenhum legado quando partir. Você provavelmente não se destacará nem será notado, porque além de você existirão milhões de outras pessoas igualmente medíocres. Mas se você ousar desenvolver o hábito de ser excelente em tudo o que faz, você será como uma luz que brilha em meio às trevas, e é exatamente isso que Deus o chamou para ser.

Deus é um Deus de excelência e fomos criados à Sua imagem; portanto, se quisermos atingir o nosso pleno potencial nele, precisamos escolher também a excelência. Deus tem em mente um plano excelente para nossa vida, mas uma pessoa medíocre, preguiçosa e que faz concessões nunca terá uma vida cujo destino é a excelência. Todos nós precisamos escolher como queremos viver, e creio que Deus deseja usar este livro para incentivá-lo a fazer a sua escolha, se é que você ainda não a fez. Se você já tomou a decisão de ser excelente, então use-o como uma oportunidade para se comprometer novamente, e continue seguindo em frente.

Excelência significa fazer o melhor possível em todas as situações, mas isso não necessariamente é sinônimo de ser perfeito. A excelência é uma grande qualidade e uma virtude a ser perseguida. Edwin Bliss disse: "A busca pela excelência é gratificante e saudável. A busca pela perfeição é frustrante, neurótica e um terrível desperdício de tempo."

É importante que você veja a diferença entre esforçar-se em prol da excelência e esforçar-se em prol da perfeição. Se você não conseguir perceber a diferença entre essas duas coisas, se sentirá frustrado e fracassado a cada passo de sua jornada.

Você sabia que a maioria das pessoas que tem o hábito da procrastinação é perfeccionista? Por se sentirem compelidas a fazer um trabalho perfeito e por medo de não ser capaz disso, elas adiam a tarefa. Nossa tendência natural é pensar que os procrastinadores são preguiçosos, e talvez alguns sejam. Mas a maioria não é preguiçosa, apenas teme ficar aquém das expectativas dos outros.

É realmente algo maravilhoso perceber que, como seres humanos com falhas e fraquezas, raramente fazemos tudo perfeitamente ou sem cometer equívocos. Esse é o motivo pelo qual Deus enviou Seu Filho como um substituto perfeito para nós. Devemos ter a atitude de alguém que busca a excelência e desejar em todas as situações fazer o melhor possível, confiando em Deus para fazer o que não podemos fazer. Sempre digo: "Faça o seu melhor e confie em

Comportamento 7: O Hábito da Excelência

Deus para fazer o resto!" Se você fizer o que estiver ao seu alcance, Deus fará o que não está.

Jesus nos disse para sermos perfeitos como o nosso Pai do céu é perfeito (Mateus 5:48). Quando li esse versículo da Bíblia pela primeira vez, senti-me constrangida porque eu sabia que não podia ser perfeita. Mas quando li o mesmo versículo na versão *Amplified Bible*, descobri que a palavra "perfeito" no idioma grego original significa "*crescer* até atingir completa maturidade de caráter". Deus quer que estejamos sempre crescendo e progredindo, mas Ele nunca fica zangado conosco porque ainda não chegamos lá. Até o apóstolo Paulo disse que, embora prosseguisse em direção ao alvo da perfeição, ele ainda não a havia alcançado.

Se baixamos nosso nível de exigência a ponto de comprometer os resultados, isso significa que estamos fazendo um pouco menos do que sabemos ser certo e adequado, e ser excelente significa ir um pouco além do essencial ao cumprir uma tarefa. Significa andar a segunda milha. Houve um tempo na sociedade em que a excelência era a regra, mas esse não é o padrão nos dias de hoje. A nossa paixão por ter sempre mais, o que podemos chamar de ganância, nos impeliu a preferir quantidade em lugar de qualidade, e isso é triste. Stephen R. Covey disse: "Fazer mais coisas mais depressa não substitui fazer as coisas certas."

Quando nossa casa foi construída, descobrimos o quanto é difícil encontrar empresas que são comprometidas com a excelência. Quando um compromisso não era honrado, a desculpa era sempre a mesma: "Estamos tão ocupados que nos atrasamos e não deu tempo de cumprir o combinado." Ou seja, assumia-se mais trabalho do que se podia realizar, e nesse processo muito pouco era feito de maneira excelente, inclusive quando o assunto era manter a palavra.

Assumir o compromisso de fazer da excelência um hábito e cumprir com os seus compromissos será algo muito recompensador. Não há nada a respeito da mediocridade que faça com que nos sintamos bem interiormente com nós mesmos ou com as nossas escolhas.

Ajude a Si Mesmo

Se você quer desenvolver o hábito da excelência, desenvolva algum tipo de sistema para ajudá-lo a se lembrar de ir além do que lhe é confortável. É fácil passar o aspirador no meio da sala, mas para fazer um trabalho excelente talvez você precise arrastar alguns móveis. A princípio não será fácil avançar em direção à excelência, mas essa atitude acabará se tornando um hábito, e você não se sentirá confortável a não ser que faça tudo da melhor maneira possível.

Sou uma grande fã de usar cartazes e bilhetes como lembretes enquanto estamos desenvolvendo novos hábitos. Faça cinco cartazes em que esteja escrita simplesmente a palavra EXCELÊNCIA e coloque-os estrategicamente em lugares onde você possa vê-los várias vezes por dia. Também acredito firmemente no poder da confissão verbal para nos ajudar a criar uma nova imagem de nós mesmos; portanto, tente dizer em voz alta pelo menos dez vezes ao dia: "Tudo o que faço, faço com excelência."

Faça isso por algum tempo e depois amplie a sua confissão, escrevendo: "Sou uma pessoa que busca a excelência, faço meu trabalho com excelência, eu cuido de mim e de tudo que possuo com excelência. Trato as pessoas com excelência, tenho pensamentos excelentes e digo palavras excelentes." As confissões que você fizer, talvez completamente pela fé no início de sua jornada, o ajudarão não apenas a se lembrar de fazer as coisas com excelência, mas também mudarão a maneira como vê a si mesmo. Quando você começar a ver a si mesmo como uma pessoa que busca a excelência, não será um esforço para você fazer tudo de maneira excelente.

Lembre-se de que os hábitos são desenvolvidos por meio da repetição. À medida que escolher repetidamente fazer as coisas com o máximo de excelência possível em cada situação, você não apenas fará dela um hábito, como também quebrará o hábito da mediocridade.

Faça o Seu Melhor para Deus

Excelência é fazer uma coisa comum de uma forma incomum.

Booker T. Washington

Henry Kissinger, em seu livro *The White House Years* (Os anos na Casa Branca), conta sobre um professor de Harvard que havia passado um trabalho para seus alunos. Depois de corrigi-los, ele devolveu os trabalhos no dia seguinte, escrevendo no rodapé do trabalho de um dos alunos: "Isto é o melhor que você pode fazer?" O aluno achou que não, e refez o trabalho. Ele entregou a tarefa refeita e recebeu o mesmo comentário. Isso aconteceu por dez vezes, até que finalmente o aluno disse: "Sim, isto é o melhor que posso fazer." O professor respondeu: "Ótimo, agora vou lê-lo." Em nosso coração, sabemos se estamos realmente fazendo o melhor possível. Se não estamos, então devemos nos esforçar para fazê-lo.

Parece óbvio que não há meios de amarmos a Deus com todo o nosso coração, alma, mente e força (Marcos 12:30) sem procurarmos fazer o nosso melhor para glorificá-lo. A busca pela excelência é um sinal de maturidade quando feita com a motivação correta. A nossa motivação deve ser obedecer e glorificar a Deus, bem como ser um bom representante dele na Terra. Mas uma pessoa pode procurar ser excelente meramente pela própria busca incansável por reconhecimento, pela necessitada de ser notada e elogiada pelos outros ou pelo desejo de ascender neste mundo. Tudo o que fizermos, façamos para glorificar a Deus, e Ele nos recompensará nos dando as outras coisas que desejamos.

Quando iniciei a minha busca pela excelência, fiz isso porque me senti desafiada por Deus a fazê-lo. No início do meu ministério, Deus falou três coisas ao meu coração e enfatizou em minha mente a ideia de que se eu fizesse essas coisas para Ele, eu teria êxito. A primeira foi manter a contenda fora da minha vida, a segunda foi fazer tudo com excelência e a terceira foi ser uma pessoa íntegra, sendo honesta em tudo que eu fizesse. Naquela época, meu ministério se resumia a dirigir um estudo bíblico em minha casa, mas assumi essa responsabilidade seriamente e estudava com muito afinco todas as semanas para ministrar a minha aula. Eu também era esposa e mãe de três filhos pequenos naquela época. Eu não podia deixar tudo de lado e me dedicar a um seminário ou uma faculdade de teologia, de modo que Deus foi me ensinando em minha vida diária.

Ele me ensinou a sempre recolher as coisas que eu deixava pela casa e a nunca permitir que a preguiça me convencesse a deixar a bagunça para outra pessoa. Ele me ensinou a colocar as coisas de volta no lugar de onde as havia tirado. Deus me incentivou a sempre devolver o meu carrinho de compras colocando-o no lugar apropriado no supermercado depois de colocar minhas compras no carro. Quando eu estava comprando roupas e deixava cair uma roupa do cabide, Ele me ensinou que para alcançar a excelência, eu deveria pegá-la e colocá-la de volta no cabide e não deixá-la no chão para outra pessoa apanhar. Houve centenas de coisas aparentemente pequenas como essas que Deus tratou comigo durante aqueles anos.

Foi difícil no início, e uma das maiores desculpas que eu dava era que as outras pessoas não agiam dessa maneira, então, por que eu deveria agir? Deus lembrou-me de que eu havia pedido a Ele para fazer grandes coisas em minha vida, e depois me perguntou se eu as desejava realmente ou não. Essencialmente, Ele estava dizendo: "Colhemos o que plantamos." Nunca se satisfaça em ser como todo mundo, mas, em vez disso, escolha ser o melhor que você puder ser.

Em relação a algumas dessas coisas, lutei com as minhas emoções por dois anos antes de me tornar totalmente obediente a Deus e desenvolver o hábito da excelência. Aprendi que se semearmos a excelência, colheremos a mais excelente recompensa. O que você quer da vida? Você está disposto a semear o tipo certo de semente para consegui-lo? Faça algumas perguntas difíceis a si mesmo e responda de maneira sincera.

Tudo o que você faz é com excelência?

Com que frequência você faz concessões e escolhe a solução mais fácil?

Você apenas se deixa levar pela vida, ou está avançando em direção ao melhor?

Você honra seus compromissos?

Você diz sempre a verdade?

Você deixa coisas sujas ou fora do lugar para outras pessoas arrumarem ou limparem?

Se você leva por engano uma mercadoria para casa pelo qual não pagou, você a devolve?

Você coloca o carrinho de compras de volta no lugar destinado a ele depois de colocar as compras no carro?

Se você coloca um artigo no seu carrinho de compras e depois decide que não precisa realmente dele, você o devolve ao lugar de onde o tirou, ou simplesmente deixa-o em qualquer lugar para se livrar dele?

Eu poderia continuar acrescentando coisas a esta lista, mas creio que você já entendeu o que estou querendo dizer. Nunca podemos chegar onde queremos estar se não admitirmos sinceramente onde estamos agora. É a atitude de encarar a verdade que nos torna livres.

As Recompensas da Excelência

Toda boa escolha gera uma recompensa e, infelizmente, toda má escolha também. As recompensas da busca pela excelência são maravilhosas. Lembro-me de uma mulher que me disse que ouviu minha mensagem sobre excelência e integridade e que isso transformou completamente a sua maneira de encarar a vida. Ela disse que nunca havia escutado nenhuma mensagem sobre essa área anteriormente, e que não fazia ideia do quanto ela era medíocre e estava abaixo da média. Ela me agradeceu e disse: "A princípio foi desafiador, mas tornar-me uma pessoa que busca a excelência mudou toda a minha vida."

Quando somos pessoas de excelência, nos sentimos melhor em relação a nós mesmos. Temos confiança de que estamos fazendo o que Deus gostaria que fizéssemos. Nós nos tornamos um bom exemplo para as outras pessoas. Isso é especialmente importante para os pais, pois eles servem de modelo para os seus filhos. É importante que aqueles que exercem qualquer tipo de papel de liderança deem esse exemplo de excelência para todos os que estão sob a sua autoridade.

Uma mulher enviou este testemunho, contando como a decisão de ser uma pessoa de excelência a afetou.

Comportamento 7: O Hábito da Excelência

Querida Joyce,

Este é apenas um testemunho de como Deus me deu a "oportunidade" de aplicar seu ensinamento que assisti pela televisão nessa manhã a uma situação em minha vida que aconteceu à tarde. Foi com relação ao que você disse sobre como Deus tratou com você sobre buscar a excelência e sempre limpar a sua bagunça.

Eu estava levando latas e vidros para reciclagem na coleta comunitária, e quando fui abrir a tampa, o saco de papel que estava em minha mão rasgou-se e um pote de vidro caiu no chão de cimento e quebrou. Fui realmente tentada a recolher os cacos grandes e deixar os cacos pequenos e perigosos no chão. Toda espécie de desculpas imediatamente começou a passar pela minha mente. "Não posso deixar o bebê sozinho. Estou tão cansada. Tenho uma vassoura, mas não sei onde está a pá de lixo. Está quente aqui fora." Entretanto, o que você havia ensinado estava muito fresco em minha mente; então eu disse aos meus pés para voltarem ao apartamento para pegar a pá de lixo e limpar a minha bagunça.

A parte boa de limpar a bagunça foi a liberdade de simplesmente esquecer tudo aquilo após ter escolhido o caminho mais excelente.

A excelência dela foi recompensada com a paz em seu coração. Creio que a paz é uma das maiores recompensas que recebemos quando fazemos um esforço para fazer as coisas da maneira que sabemos que elas devem ser feitas e não abrimos mão da excelência fazendo pouco menos do que sabemos que é certo. É maravilhoso não se sentir condenado pelo que nos permitimos fazer. Às vezes o sentimento de culpa ou falta de paz passam quase despercebidos, mas ainda assim eles estão presentes e perturbam a nossa liberdade.

O nome Stradivarius é sinônimo de bons violinos. Isso porque Antonio Stradivari insistia que nenhum instrumento em sua loja fosse vendido até que estivesse tão próximo da perfeição (excelência) quanto a habilidade e o cuidado humanos pudessem torná-lo. Stradivari observou: "Deus precisa de violinos para enviar a Sua música para o mundo, e se algum violino estiver defeituoso, a música de Deus estará arruinada." A sua filosofia de trabalho se resumia em uma frase: "Outros homens farão outros violinos, mas nenhum homem fará um melhor."

Stradivari tinha um compromisso com a excelência porque ele queria fazer o melhor para Deus. A sua recompensa é ter seu produto ainda hoje reconhecido mundialmente como o melhor violino de todos.

A Excelência nos Nossos Pensamentos

Nunca poderemos agir de maneira excelente se primeiro não assumirmos o compromisso de buscarmos a excelência em relação ao que pensamos. A Bíblia nos ensina a pensar nas coisas que estão cheias de virtude e excelência (Filipenses 4:8). Coisas como acreditar no melhor em todo o tempo, coisas que são dignas de honra, que são justas, puras, amáveis e louváveis. Falo sobre os nossos pensamentos em todos os meus livros e na maioria das minhas mensagens por causa da importância que eles exercem em nossa vida. Nós nos tornamos o que permitimos que nossos pensamentos sejam (Provérbios 23:7).

Que tipo de pensamentos você abriga? Quando reconhece que seus pensamentos não são bons, você toma uma atitude para expulsá-los da sua mente, ou você preguiçosamente deixa que eles permaneçam ali? É impossível se tornar uma pessoa excelente sem primeiro desenvolver uma mente excelente.

Não cometa o erro de achar que seus pensamentos não importam porque "afinal de contas, ninguém os conhece". Eles importam e Deus os conhece. Maus pensamentos podem envenenar nossa vida e nossa atitude. Considerando que eles são os precursores de todas as nossas palavras e ações, precisamos lidar com eles primeiro. Você é livre para ter os pensamentos que escolher. Você está no controle, e embora Satanás tente colocar pensamentos cheios de maldade e morte na sua mente, você pode expulsá-los e escolher pensar as coisas certas. Sua mente e seus pensamentos pertencem a você, e você não deve permitir que o diabo use a sua mente como um depósito de lixo, ou sua vida acabará cheirando mal.

Excelência no Falar

O salmista Davi disse em Provérbios 8:6: "Ouçam, porque falarei coisas excelentes e nobres; e a abertura dos meus lábios será para coisas retas." Ele estava tomando uma decisão sobre como falaria, e nós devemos fazer o mesmo. Assim como podemos direcionar nossos pensamentos, também podemos direcionar as nossas palavras com a ajuda de Deus. O poder da vida e da morte está na língua, e comemos o fruto dela (Provérbios 18:21). Nossas palavras afetam a nós e às pessoas que nos cercam. Elas também afetam o que Deus é capaz de fazer por nós. Não há como falar coisas ruins e viver uma vida boa.

    O apóstolo Pedro nos ensina que se quisermos desfrutar a vida e ver dias bons mesmo em meio às provações, devemos manter a nossa língua livre do mal (1 Pedro 3:10). Para mim, esse versículo diz algo extremamente importante a que devemos prestar atenção. Que espécie de vida você quer? Você quer ter uma vida excelente? Nesse caso, você precisa desenvolver o hábito de escolher as suas palavras de maneira excelente.

Não podemos sair por aí simplesmente dizendo tudo que sentimos vontade de dizer, mas devemos escolher nossas palavras cuidadosamente porque elas são receptáculos de poder. Elas podem carregar em si poder para criar ou destruir, e a escolha cabe a nós. A língua é um órgão pequeno, mas ela pode causar muitos problemas ou trazer grandes bênçãos. Mude suas palavras e sua vida mudará!

Por tudo que sei sobre o assunto, para mim é um privilégio entender o poder das palavras. Passei os primeiros trinta e cinco anos de minha vida sem fazer qualquer ideia de que as coisas ditas por mim faziam diferença no que diz respeito à minha qualidade de vida. As suas palavras e as minhas nos afetam mais do que podemos imaginar, e somos desafiados pela Bíblia a fazer com que elas sejam excelentes.

Desenvolva o hábito de não dizer nada a menos que tenha algo a dizer que valha a pena.

Trate as Pessoas com Excelência

Por fim, quero lhe dizer que é importante aprendermos a tratar todas as pessoas com excelência. Deus ama todas as pessoas e não se agrada de tratarmos qualquer pessoa mal. Seja educado, respeitoso e compreensivo. Seja alguém que encoraja e incentiva as pessoas! Todos neste mundo querem se sentir valiosos, e muitos lutam contra sentimentos de baixa autoestima. Estamos em uma posição que nos permite sermos usados por Deus para ajudá-los tratando todas as pessoas com excelência.

O apóstolo Paulo ensina que devemos buscar o amor e que ele é a maneira mais excelente de viver.

Comportamento 7: O Hábito da Excelência

Porém desejem ardentemente e cultivem zelosamente os maiores e melhores dons e graças (os mais altos dons e as graças mais selecionadas). E, no entanto, eu lhes mostrarei um caminho ainda mais excelente [um caminho que é muito melhor e o mais elevado de todos eles — o amor].

1 Coríntios 12:31

CAPÍTULO
11

Comportamento 8: O Hábito de Ser Responsável

> Noventa e nove por cento dos fracassos acontecem com pessoas que têm o hábito de dar desculpas.
>
> *George Washington Carver*

Dar desculpas todas as vezes que nos vemos diante da necessidade de assumir a responsabilidade por algum ato ou omissão é um péssimo hábito. Isso pode facilmente tirar nossa vida do eixo e provavelmente impedirá que sejamos bem-sucedidos. Se escolhemos assumir a responsabilidade pela nossa vida, essa pode ser com frequência uma experiência chocante, porque subitamente deixamos de ter em quem colocar a culpa por tudo. Jesus disse que muitos são chamados e poucos são escolhidos (Mateus 20:16). Creio que isso pode significar que, embora muitos sejam chamados para fazer grandes coisas para Deus, poucos estão dispostos a assumir a responsabilidade pelo seu chamado. Ser responsável é o que nos torna pessoas dignas de honra. Esse é o preço da grandeza, de acordo com Sir Winston Churchill.

As desculpas não são nada de novo. Elas têm sido usadas pelos seres humanos para fugir de suas responsabilidades desde o princípio dos tempos. Depois que Adão e Eva pecaram no Jardim do Éden, ambos deram desculpas quando foram confrontados por Deus. Ambos puseram a culpa nos outros. Adão culpou Eva e Deus por lhe dar Eva, e Eva culpou o diabo. As pessoas inventam desculpas para justificar seus pecados o tempo todo em vez de simplesmente admiti-los, confessando-os e pedindo a Deus que os perdoe. Emocionalmente falando, assumir a plena responsabilidade pelos nossos atos é possivelmente uma das coisas mais dolorosas que enfrentamos na vida. Queremos desesperadamente pensar que somos bons, e achamos que admitir plenamente que cometemos um erro e não fizemos o que deveríamos ter feito macula a nossa bondade. Todos nós temos coisas a respeito de nós mesmo que precisamos admitir, e corajoso é aquele que está disposto a fazer isso. Nunca devemos ter medo de admitir que estamos errados em relação a alguma coisa ou que cometemos um erro. A verdade é o que nos liberta (João 8:32). Por outro lado, evitar, esquivar-se e dar desculpas nos mantêm cativos.

Porque a verdade nos liberta, o nosso inimigo, o diabo, enche a nossa cabeça com desculpas e formas de culpar outras pessoas e coisas pelas nossas falhas. Ele sabe que permaneceremos prisioneiros dos nossos problemas se nos recusarmos a assumir a responsabilidade por nossos atos.

Veja o caso, por exemplo, de quando nos atrasamos. Quando as pessoas se atrasam para um compromisso ou para o trabalho, elas raramente dizem simplesmente: "Desculpe-me, estou atrasado. Não administrei bem o meu tempo e não saí de casa na hora que deveria ter saído." Em vez disso, dizemos coisas do tipo: "Estou atrasado porque fiquei preso no trânsito." "Eu não sabia que precisava colo-

Comportamento 8: O Hábito de Ser Responsável

car gasolina no carro." "Meus filhos estavam fazendo bagunça e meu marido colocou as chaves do meu carro em outro lugar." Isso pode ocasionalmente ser verdade, mas quando acontece o tempo todo, há claramente um problema que precisa ser tratado. Mesmo que algumas dessas coisas tenham realmente acontecido, ainda era nossa responsabilidade sair cedo o bastante prevendo possíveis engarrafamentos, nos certificar de que temos gasolina, levar em consideração o tempo gasto para abastecer o carro e cuidar das questões domésticas, evitando os outros problemas.

Você sabia que quando se atrasa, você passa a mensagem de que o seu tempo é mais valioso que o da pessoa que está esperando por você? No mínimo, ligue para a pessoa e diga a ela que está atrasado e a que horas espera chegar. Isso é ser responsável!

Dar uma desculpa por estar atrasado é uma coisa pequena se comparada a todas as desculpas que as pessoas dão para uma lista interminável de coisas. Mas as desculpas nunca agradam a Deus, porque Ele ama a verdade e quer que nós a amemos também. Inventar desculpas pode ser algo que recai facilmente na categoria da mentira, e isso faz com que quebremos o mandamento "não mentirás".

Quando inventamos desculpas, estamos, na verdade, mentindo para nós mesmos. Estamos nos mantendo no engano por meio da racionalização. Podemos encontrar facilmente um motivo que justifique cada erro cometido por nós, mas é melhor simplesmente assumir a responsabilidade por nossos atos.

É claro que existem motivos pelos quais as coisas acontecem, e contar esses motivos nem sempre é um problema, a não ser que os estejamos usando como uma desculpa para não mudarmos. Amo quando ouço alguém dizer: "Assumo total responsabilidade por esse erro." Isso faz com que eu respeite essa pessoa e confie imediatamente nela.

Personagens Bíblicos que Deram Desculpas

Jesus nos conta a parábola de um homem que deu um grande banquete e convidou muitas pessoas para participarem, mas todos eles começaram a dar desculpas. Um disse que havia comprado um lote de terra e que tinha de sair para vê-lo. Outro disse que havia comprado alguns animais e precisava ir examiná-los, e outro disse que havia se casado e por isso não podia ir. Todas essas desculpas eram apenas isto: desculpas. A verdade era que eles não queriam ir. Essa parábola representa Deus convidando as pessoas para um relacionamento com Ele e todas as desculpas que elas dão, quando a verdade é que elas não querem se relacionar com Deus. Elas querem governar a própria vida, embora estejam fazendo um mau trabalho, e não querem que Deus interfira.

Mesmo os crentes em Jesus dão diversas desculpas para não servirem a Ele com inteireza. As pessoas não têm tempo suficiente; estão ocupadas trabalhando ou levando seus filhos a eventos esportivos. O que fazemos com o nosso tempo é uma questão de escolha, e a verdade é que fazemos o que realmente queremos fazer. Se queremos muito fazer alguma coisa, encontramos tempo para ela. Há uma verdade que nenhum de nós poderá evitar: o dia virá em que cada pessoa comparecerá diante de Deus e prestará conta por sua vida (Romanos 14:12). Naquele dia, não haverá desculpas.

Moisés deu desculpas quando Deus o chamou para servi-lo. Ele disse que não era eloquente o bastante e que não sabia falar. Deus acabou se irando com todas as desculpas dadas por ele. O rei Saul tentou justificar o motivo pelo qual não fez exatamente o que Deus havia ordenado, que era destruir os amalequitas. Félix deu desculpas quando Paulo foi falar com ele sobre justiça e domínio próprio. Ele disse, em outras palavras: "Vá embora e volte em outro momento mais propício." A estrada para o inferno está pavimentada com as boas intenções daqueles que inventaram desculpas para não fazer a coisa certa hoje, dizendo que a fariam mais tarde.

Pedro talvez tivesse muitas desculpas em sua mente que justificassem o fato de ter negado a Cristo. Duvido que ele tenha simplesmente dito a si mesmo: "Sou um covarde." Todos nós damos desculpas, mas é hora de lidar com elas e desenvolver o hábito de sermos responsáveis.

Integridade

Integridade é algo de importância vital. É algo intrínseco àquele que busca ser excelente. As pessoas íntegras assumem a responsabilidade por seus atos. Elas honram seus compromissos em vez de darem desculpas para não cumpri-los. Elas cumprem suas promessas. Fazem o que dizem que vão fazer, e se por algum motivo não podem fazê-lo de modo algum, elas entram em contato com a pessoa, dão uma explicação — não uma desculpa — e pedem para serem liberadas do compromisso.

Esperamos que Deus cumpra Suas promessas, e Ele espera que nós cumpramos as nossas. Algumas pessoas hoje em dia nem sequer sabem o que significa a palavra *integridade*. Isso deveria ser ensinado nas escolas e faculdades, e se fosse, teríamos mais pessoas de bom caráter no mundo. Como mencionei anteriormente, Deus me disse que se eu quisesse ser bem-sucedida no ministério, eu deveria ser uma pessoa íntegra. Para nós, do Ministério Joyce Meyer, essa tem sido a prioridade máxima. Sei que houve vezes em que não pudemos fazer o que dissemos que íamos fazer, mas nunca foi intencional. Aprendi ao longo dos anos a ser mais cuidadosa com os compromissos que assumo. Quando assumimos compromissos movidos pela nossa emoção ou de forma imprudente, geralmente acabamos desejando não tê-los assumido, e às vezes descobrimos que não podemos cumpri-los. Tome muito cuidado quando der a sua palavra de que fará alguma coisa. É melhor não se comprometer do que comprometer-se e depois dar uma desculpa por não ter cumprido o que prometeu. Nunca diga a alguém que irá ligar de volta, a não ser que pretenda fazer isso.

Características de uma Pessoa Responsável

Quando uma pessoa é comprometida em ser responsável, você pode ter certeza de que ela é confiável. Pessoas assim terminam o que começam e fazem o que dizem que vão fazer. Elas raramente desistem de alguma coisa porque são firmes e dedicadas.

As pessoas responsáveis pagam suas contas na data certa. Elas pensam em longo prazo e não gastam mais dinheiro do que ganham. Se passam por momentos difíceis, não ignoram suas responsabilidades, mas são fiéis com aqueles com quem se comprometeram e se organizam para acertar as coisas o mais rápido possível.

As pessoas responsáveis não precisam se preocupar com o futuro, porque planejam com antecedência. Elas se preparam para o futuro economizando uma parte do que ganham para emergências ou para a aposentadoria. Em Provérbios capítulo 31, encontramos uma mulher que é o exemplo perfeito do que deve ser uma pessoa responsável. Ela se levanta antes do nascer do sol para planejar o seu dia. Ela trabalha duro, e embora deseje prosperar, considera sempre com seriedade se adquirir novos bens será algo prudente. Ela passa tempo com Deus, por isso é forte para

Comportamento 8: O Hábito de Ser Responsável

encarar o que quer que a vida possa lhe trazer. Ela ajuda os pobres e necessitados. Ela não teme o mau tempo porque já fez roupas adequadas para sua família.

As pessoas responsáveis cuidam bem do que possuem. Elas são mordomos daquilo que Deus lhes deu. Elas cuidam de si mesmas, porque sabem que sua vida e sua saúde são dons de Deus a serem protegidos. Elas cuidam das obrigações familiares, inclusive suprindo as necessidades dos pais ou avós idosos. Elas fazem isso sem ter de ser cobradas ou lembradas inúmeras vezes. Elas são motivadas, e isso significa que não precisam de influências externas para fazer o que devem fazer.

Creio que ajudar os pobres e aqueles que são menos afortunados que nós é não apenas algo bom a se fazer, mas também nossa responsabilidade. A Bíblia nos ensina a não nos esquecermos deles.

> Aquele que despreza o seu próximo peca [contra Deus, contra o seu próximo e contra si mesmo], mas bem-aventurado (abençoado e feliz) é aquele que é bondoso e misericordioso com os pobres.
>
> *Provérbios 14:21*

Ajudar as pessoas que estão sofrendo não é algo que possamos fazer ou não, dependendo de como nos sentimos no momento; é algo que Deus nos ordenou fazer. É nossa responsabilidade. Qualquer pessoa que tenha algum tipo de posse é responsável por ajudar alguém que tenha menos do que ela.

Fui abençoada com uma natureza responsável, e tenho visto o benefício e as recompensas disso em minha vida. Meu irmão, que agora está morto, não era responsável, e posso dizer sinceramente que durante toda a sua vida ele viveu um problema atrás do outro. Eu o amava, mas ele era preguiçoso, medíocre e irresponsável. Ele teve tantas oportunidades quanto qualquer outra pessoa, mas queria que os outros fizessem por ele o que ele deveria fazer por si mesmo. Toda pessoa de sucesso também é responsável. O sucesso e a responsabilidade pessoal não podem ser separados.

Se não quisermos ter a responsabilidade de fazer o que precisa ser feito, não importa quantas oportunidades tenhamos na vida, não aproveitaremos nenhuma delas. Eu lhe peço com ousadia que você sinceramente examine a sua vida. Você é um indivíduo responsável? Existem áreas nas quais você poderia melhorar? Você dá desculpas quando faz alguma coisa errada? Você fica na defensiva quando é corrigido? Como eu disse, encarar a verdade, em geral, é emocionalmente doloroso, mas é uma das coisas mais libertadoras e poderosas que podemos fazer. Se ainda não desenvolveu o hábito de ser responsável, você está disposto a começar agora?

As pessoas responsáveis não precisam sentir vontade de fazer a coisa certa para fazê-la. Elas param de perguntar a si mesmas como se sentem em relação às coisas bem cedo na vida, porque sabem que haverá momentos em que não sentirão vontade de fazer o que deve ser feito, e elas já decidiram não deixar que a maneira como se sentem influencie suas decisões. Quando uma mãe tem filhos pequenos, ela precisa cuidar deles independentemente de como se sinta. Não cuidar deles nem sequer passa pela mente dela, porque ela sabe que precisa fazer isso. Deveríamos olhar para nossas responsabilidades assim. Quando fizermos isso, vamos deixar de ver as responsabilidades como opções, mas como coisas que precisamos fazer.

Cinco Passos para Parar de Dar Desculpas

Encare a verdade

O primeiro passo para lidar com qualquer mau hábito é admitir que você tem um problema. Não adie o confronto, esperando que o problema vá embora sozinho. Todos já perceberam que você está apenas inventando uma desculpa, e é hora de você perceber isso também. Declare o seu problema em voz alta. Fale a respeito dele para Deus, fale a respeito dele para si mesmo, e talvez possa ser útil falar a respeito dele com um amigo de confiança. O apóstolo Tiago disse que devemos confessar as nossas faltas uns aos outros para podermos ser curados e restaurados (5:16).

Esqueça as expectativas não realistas

Antes de assumir qualquer compromisso — ainda que pequeno — pergunte a si mesmo se você realmente acredita que pode ir, e irá, até o fim. Algumas pessoas estabelecem metas não realistas e sempre fracassam. Um pouco de previsão poderia poupá-las de muitos problemas. Seja realista quanto ao tempo necessário para fazer as coisas, e permita-se ter tempo suficiente para fazê-las sem se estressar. Se você precisar dizer "não" a um pedido, não hesite em fazer isso. Nossa responsabilidade é estar à altura das expectativas que Deus tem a nosso respeito, e não das expectativas das outras pessoas.

Pare de reclamar

Enquanto continuarmos a reclamar das coisas que precisamos fazer, provavelmente encontraremos desculpas para não fazê-las. Se você quer se exercitar, não reclame o tempo todo do quanto isso é difícil. Simplesmente faça-o. Os israelitas reclamaram de muitas coisas, e permaneceram no deserto por quarenta longos anos. A reclamação nos impede de avançar e fazer progressos.

Seja determinado

Não procrastine quando tiver de cuidar das suas responsabilidades. Muitas vezes é melhor fazer primeiro as coisas de que você menos gosta. Assim não sobrará tempo para ficar se sentindo amedrontado por causa delas, e você poderá fazê-las enquanto tem mais energia. Aborde o que precisa ser feito com determinação, e não permita que uma atitude letárgica assuma o controle. Se você adiar algo por um longo período de tempo, ficará cansado por ter feito várias outras coisas e acabará inventando desculpas para não cuidar da sua responsabilidade principal.

Descubra como transpor os obstáculos

Em vez de reclamar e inventar desculpas para não fazer alguma coisa, use sua energia para descobrir como transpor o obstáculo que está diante de você, assim você poderá cuidar de suas responsabilidades mais facilmente. Se você se atrasa para o trabalho com frequência por causa do trânsito, e isso o deixa frustrado, considere a ideia de sair mais cedo de casa. Há anos, Dave trabalhava para uma empresa que ficava longe da nossa casa. Ele chegava ao trabalho uma hora mais cedo apenas para fugir do engarrafamento. Ele usava esse tempo para estudar e ler. Podemos encontrar uma solução para a maioria dos problemas se verdadeiramente desejarmos isso.

Nada de desculpas, apenas resultados

Na academia onde me exercito, eles vendem camisetas que dizem: "Nada de Desculpas, Apenas Resultados." Todas as vezes que começo a murmurar, meu treinador diz: "Nada de desculpas, apenas resultados." Eles sabem como as pessoas tendem a dar todo tipo de desculpa para não irem regularmente à academia.

Alguns dos exercícios são muito difíceis, e é tentador dar desculpas para não executá-los.

A nossa carne tem aversão à ideia de que não existe uma desculpa para não cumprirmos com a nossa responsabilidade, mas se realmente quisermos ter êxito na vida, precisamos aprender a acreditar nisso e praticar esse princípio. Se dermos desculpas e culparmos os outros pelos nossos erros, abriremos mão do nosso poder de mudar. A verdade é uma arma poderosa, e enfrentá-la diretamente irá ajudá-lo a se tornar a pessoa que você diz querer ser.

CAPÍTULO

12

Comportamento 9:
O Hábito da Generosidade

Tudo vai bem com o homem que vive com generosidade
e empresta a outros, que conduz os seus
negócios com justiça.

Salmos 112:5

Sem Esperar Nada em Troca!

Um dos maus hábitos que deveríamos querer abandonar é o de sermos egoístas e egocêntricos, e a melhor maneira de fazer isso é desenvolvendo o hábito de sermos generosos. A generosidade torna a alma de uma pessoa verdadeiramente bela. Deus é generoso, e todos aqueles que desejam ser como Ele devem aprender a ser generosos. Certa vez ouvi que quando damos somos mais semelhantes a Deus do que em qualquer outro momento.

Quando alguma coisa se torna habitual, ela realmente nos faz falta se deixamos de praticá-la. O hábito da generosidade deveria estar arraigado em nós a ponto de ansiarmos pela oportunidade de fazer coisas pelos outros. Podemos e devemos criar o hábito de ser generosos. Isso significa escolher fazer mais do que o estritamente necessário, e sempre fazermos o máximo possível. Nunca devemos ser o tipo de pessoa que faz apenas o necessário, e mesmo fazendo somente isso, murmuram e reclamam. Deus tem prazer em ver uma pessoa que tem um coração generoso e disposto. Ele ama aquele que dá com alegria (2 Coríntios 9:7).

Não gosto nem um pouco quando alguém faz alguma coisa por mim e posso sentir que ela se ressente por fazê-lo. Isso, na verdade, estraga tudo, e eu preferiria que ela não tivesse feito absolutamente nada. Meu pai não era um homem generoso. Na verdade, não me lembro de tê-lo visto fazer nada por ninguém a não ser que ele fosse levar alguma vantagem. Muitas vezes ele chegou a me dizer que ninguém realmente se importava com ninguém, e que todos agiam por interesse. Estou certa de que meu pai acreditava nisso porque era assim que ele agia, mas é triste viver toda uma vida com esse tipo de mentalidade. Todas as vezes que meu pai fazia alguma coisa por alguém, ele sempre queria algo em troca. De fato, isso não é ser verdadeiramente generoso. Quando as pessoas fazem algo de bom por alguém tendo secretamente outra motivação, estão, na verdade, negociando. As pessoas costumam dizer que devemos "fazer o bem sem olhar a quem", ou seja, dar sem esperar nada em troca. Devemos ser generosos sem esperar nada daquele a quem estamos abençoando, sabendo que Deus recompensa a generosidade.

> O homem misericordioso, bondoso e generoso beneficia a si mesmo [pois os seus atos retornam para abençoá-lo], mas aquele que é cruel e insensível [aos desejos dos outros] traz sobre si retribuição.
>
> *Provérbios 11:17*

Ainda me lembro do quanto eu detestava quando meu pai me deixava ir ao cinema ou me emprestava o carro dele, mas me fazia sentir culpada por isso. Era um sentimento terrível, e nunca quero fazer com que alguém se sinta assim. Não creio que estamos realmente sendo generosos se não fizermos isso com genuína alegria no coração. Dar exige de nós disciplina, mas deve ser feito até se tornar um desejo. Podemos ser generosos simplesmente pela alegria que isso nos proporciona.

O espírito de generosidade faz com que uma pessoa dê, mesmo quando isso não parece razoável. O apóstolo Paulo fala da generosidade das igrejas da Macedônia. Embora estivessem passando pela prova de uma grave tribulação e profunda pobreza, elas tinham tanta alegria que transbordava em generosidade abundante. Elas ofertaram de acordo com a sua capacidade, e ainda além da sua capacidade (além do que teria sido confortável) (2 Coríntios 8:2-3). O simples fato de ler sobre essas pessoas me faz admirá-las e querer ser como elas. Somos atraídos às pessoas generosas, enquanto nosso instinto natural é não querer estar por perto de uma pessoa sovina por muito tempo.

A Generosidade é a Resposta para a Ganância

A ganância se tornou um enorme problema em nossa sociedade atual. Estou certa de que ela sempre foi um problema, mas a quantidade de opções que temos à nossa disposição nos dias de hoje faz dela um problema ainda maior. A ganância faz com que uma pessoa nunca esteja satisfeita com o que tem nem se sinta grata por muito tempo, independentemente do quanto possua. O apóstolo Paulo nos diz que aprendeu a estar contente quer tivesse muito ou pouco (Filipenses 4:12). Essa é uma lição valiosa para todos nos dias de hoje.

A ganância rouba a vida do ganancioso, pois ele nunca está satisfeito. Pessoas gananciosas não conseguem desfrutar o que têm porque nunca estão genuinamente contentes. Não é errado desejar ter algo. Deus criou muitas coisas belas e necessárias, como também nos deu a capacidade de criá-las, e creio ser o Seu desejo que Seus filhos desfrutem delas. Mas Ele quer que o façamos com a atitude adequada: uma atitude de gratidão e contentamento, somada à disposição de sermos generosos com os outros.

Precisamos combater a ganância, e a melhor maneira que conheço de fazer isso é desenvolvendo o hábito da generosidade. A ganância é um problema tão grande que a Palavra de Deus nos instrui a nem sequer nos associarmos com alguém que seja conhecido por ser ganancioso. Por que ela nos instrui assim? Creio ser porque a ganância é um espírito maligno, e Deus não quer que sejamos afetados por ele. Deus quer que cresçamos em generosidade, e não em ganância. Podemos ser facilmente influenciados pelas pessoas que nos cercam, principalmente se somos próximos delas. Se você quer ser generoso, faça amizade com pessoas generosas. Veja como elas vivem e aprenda com o exemplo delas.

Estou pensando em algumas pessoas com quem costumo sair para jantar e que são sempre muito amigáveis, encorajadoras e bondosas com todos os funcionários dos restaurantes onde comemos. Elas têm uma atitude positiva, mesmo se a refeição não for exatamente o que esperavam, e sempre dão gorjetas generosas. Elas têm como hábito serem generosas. Estar com elas me ajuda a continuar sempre crescendo em generosidade. Escolha amigos que o tornem uma pessoa melhor. É claro que queremos sempre estender a mão para aqueles que precisam ter em nós um bom exemplo, mas não é bom que essas sejam as únicas pessoas que nos cercam.

Seja Generoso Deliberadamente

As pessoas que não têm o hábito da generosidade podem ter de se disciplinar para serem generosas durante algum tempo, mas posso lhe garantir que, com o passar do tempo, isso se tornará uma necessidade para elas. Tome a decisão de ser cada vez mais uma bênção para os outros, e comece a procurar oportunidades para colocar isso em prática. Quando ouvir falar de alguém que está com uma necessidade. Não pense: *alguém precisa ajudá-lo*, sem perguntar a Deus se é você quem Ele quer usar.

Amo ser generosa das formas mais diversas possíveis, e conheço muitas outras pessoas que também se sentem assim. Nem sempre fui assim, mas aprendi esse princípio por meio do meu relacionamento com Deus e estudando a Sua Palavra. Também fui influenciada por conviver com pessoas generosas que se tornaram um exemplo para mim. A princípio, tive de começar a ser generosa deliberadamente, mas, por fim, se tornou um prazer para mim. Minha secretária executiva diz que ela era uma das pessoas mais sovinas do mundo, e hoje é uma pessoa que gosta de abençoar de forma radical e abundante. Ela diz que a lição maior e mais transformadora que ela aprendeu com os meus ensinamentos foi sobre a generosidade. Para passar de uma pessoa tão sovina a alguém tão generoso, ela começou praticando atos generosos deliberadamente.

Nossos filhos contaram a Dave e a mim que uma das melhores coisas que ensinamos a eles foi a generosidade. Aprenda a ser generoso e ensine isso às outras pessoas. Se o seu espírito concorda com o que está escrito aqui a respeito da generosidade, mas você sabe que na verdade não é alguém generoso, você ainda pode vir a se tornar uma pessoa assim. Ore e peça a Deus para ajudá-lo, e depois comece a fazer coisas pelas pessoas até que isso se torne um hábito.

Não pense que você precisa ter muito dinheiro para ser generoso. A generosidade pode ser praticada independentemente do quanto você possui. Se compartilha o que tem com os outros liberalmente, você é uma pessoa generosa. Você pode compartilhar uma refeição, ajudar alguém, ser hospitaleiro convidando as pessoas para irem à sua casa ou pode oferecer a elas uma amizade verdadeira. Gosto de presentear as pessoas, mas "objetos" não são a única coisa e nem mesmo o mais importante que podemos dar.

O mais importante é deixarmos que coisas boas fluam de nós em abundância na direção de outras pessoas. A ganância me assusta porque creio que ela pode facilmente dominar alguém se não for combatida. Quando Deus começa a nos abençoar, a última coisa que devemos fazer é deixar a ganância tomar conta de nós. Quando as bênçãos fluem em nossa direção, é hora de seguir em frente sendo bênção na vida das pessoas, mais do que nunca.

> Abençoar-te-ei [com abundante aumento de favores] e tornarei o teu nome famoso e distinto, e serás uma bênção [dispensando o bem a outros].
>
> *Gênesis 12:2*

Deus disse a Abraão que pretendia abençoá-lo abundantemente, mas a promessa veio com uma instrução: Abraão deveria ser uma bênção para outros. Se nos tornarmos pessoas que retêm aquilo que recebem e não deixamos que isso flua através de nós, nos tornaremos como um reservatório de água parada. Muitas vezes temos os meios para ajudar as pessoas, mas nos recusamos a permitir que essas coisas "fluam". Se formos avarentos ou gananciosos, outros não apenas serão privados das bênçãos, como nós mesmos também nos tornaremos infelizes. Você possui os seus bens ou é possuído por eles? É capaz de usar o que tem para ser uma bênção? Deus é um doador, e se quisermos desfrutar a vida e cumprir o nosso propósito, também precisamos nos tornar doadores.

Há uma diferença entre uma pessoa que dá ocasionalmente e um doador. Quando uma pessoa dá ocasionalmente, é algo que ela *faz*, mas quando ela se torna um doador, é algo que ela *é*. Dar se torna um hábito e passa a fazer parte do seu caráter. Quando as pessoas *se tornam* doadoras, não precisam ser convencidas a fazê-lo, elas não se ressentem por serem generosas nem desejam secretamente que não tivessem de dar, mas, em vez disso, elas realmente amam ser generosas e estão sempre em busca de formas diferentes de fazer isso.

Esta é uma boa hora para parar por um instante e fazer um teste. É hora da verdade. Você é alguém que dá com generosidade? Você dá tanto quanto pode de uma série de formas diferentes, ou ainda está retendo por medo, tentando, com muito esforço, garantir que a primeira pessoa a ser cuidada seja você? Se você sabe no seu coração que não é uma pessoa generosa, não se sinta culpado, mas comece a desenvolver esse hábito.

Planeje

Quais são alguns dos passos que você pode dar para começar a desenvolver esse hábito maravilhoso? Sugiro primeiramente que você se planeje. Todos os dias, pense nas pessoas que pode abençoar e de que maneiras você pode abençoá-las. Quanto mais pensar nos outros, menos tempo você terá para se concentrar em si mesmo e nos seus problemas. Descobri ao longo dos anos que quanto menos penso em mim mesma, mais feliz sou.

Pense nas pessoas com quem estará hoje, e depois pense em quais podem ser as necessidades delas. Talvez elas só precisem de encorajamento. Talvez elas precisem conversar e você pode abençoá-las ouvindo. Talvez elas estejam com necessidades financeiras e você possa abençoá-las pagando suas despesas no supermercado ou em um posto de gasolina. Existem maneiras infinitas de abençoar as pessoas se simplesmente nos propusermos a isso. Se você não sabe do que aquela pessoa precisa, comece a ouvi-la, e não demorará muito até que você a ouça mencionar algo que lhe falta. A pessoa pode dizer: "Ando tão desanimada ultimamente", e essa é a sua oportunidade de encorajá-la. Ou ela pode dizer em uma conversa: "Realmente preciso de roupas novas, mas vou ter de esperar um pouco", e você poderia pensar na hipótese de comprar uma roupa nova para ela. Se ela veste o seu tamanho, você pode dar a ela algumas de suas roupas. Em alguns momentos da minha vida, eu costumava trazer comigo uma lista das coisas que ouvia pessoas dizerem que queriam ou precisavam, e mesmo que eu não pudesse fazer aquilo por elas imediatamente, eu anotava na minha lista e fazia-o quando possível. Aprenda a ouvir.

Outra coisa que podemos fazer é preparar uma lista do que possuímos e não usamos para darmos a outros. Sempre existem pessoas que precisam ou desejam desesperadamente o que temos e nem sequer estamos usando. O meu lema é "use-o ou deixe-o".

Não temos de conhecer alguém pessoalmente para sermos uma bênção para essa pessoa. Se decidirmos ser uma bênção em todo lugar aonde formos, isso terá de incluir pessoas que não conhecemos. Descobri que as pessoas se sentem bem quando pergunto o nome delas enquanto elas estão me atendendo em uma loja ou restaurante. As

Comportamento 9: O Hábito da Generosidade

pessoas querem e precisam sentir que estamos genuinamente interessadas nelas como indivíduos.

Planeje colocar sorrisos em rostos. Você pode até mesmo começar com um objetivo do tipo: "Quero colocar um sorriso em pelo menos um rosto hoje" — isto é, ser uma bênção de alguma maneira. Quando você atingir esse objetivo de forma consistente, aumente para um sorriso em dois rostos e depois aumente mais a cada vez. Logo, a generosidade se tornará um estilo de vida para você.

Seja criativo e ore para que Deus lhe mostre como você pode abençoar as pessoas. Quanto mais generoso você se tornar, mais você será abençoado em sua vida. Faça isso para a glória de Deus e em obediência a Ele. Só Deus pode suprir plenamente as necessidades de alguém, mas podemos fazer a nossa parte. Ele disse que se dermos, nos será dado em boa medida, recalcada, sacudida e transbordante (ver Lucas 6:38). Você não ficará com menos se der com generosidade, ao contrário, prosperará em tudo o que fizer.

Generosidade não é apenas dar de nós mesmos, dar o nosso dinheiro e dar coisas às pessoas. O princípio de ser generoso envolve a maneira como tratamos as pessoas. As pessoas que têm um espírito generoso são pacientes com as fraquezas dos outros, são rápidas em perdoar e lentas para se irar. Elas sempre veem o melhor nos outros. Ouvem quando alguém está sofrendo e tentam consolá-lo — ou simplesmente demonstram que se importam. Elas também são encorajadoras — têm prazer em edificar as pessoas e apoiá-las. Elas comemoram animadamente o que as pessoas fazem certo, mas geralmente nem sequer mencionam o que elas fazem de errado. Se eu tivesse de escolher, preferiria ter alguém que me tratasse dessa maneira a ter que alguém que pagasse o meu almoço.

Criaturas de Hábitos

Somos criaturas de hábitos, mas os maus hábitos podem ser quebrados e substituídos por bons. Como já disse, creio que se nos concentrarmos em desenvolver bons hábitos, os maus não terão espaço para atuar em nossa vida. Podemos desenvolver o hábito de sermos pessoas generosas que continuamente estendem a mão para ajudar outros, para tornar a vida deles melhor. Quando fizermos isso, os maus hábitos que tínhamos anteriormente não encontrarão lugar em nós. Admito que fui uma pessoa muito egoísta e egocêntrica durante grande parte da minha vida. Infelizmente, não precisamos aprender a ser egoístas; nascemos com essa capacidade. Felizmente, porém, com o novo nascimento em Jesus Cristo, podemos mudar. Jesus morreu para que não tivéssemos mais de viver para nós mesmos (2 Coríntios 5:15). Essas são boas notícias! Podemos ser livres do egoísmo. Podemos ser livres de pensar constantemente: "E eu?" Não precisamos ter medo de que as nossas necessidades não sejam atendidas, porque Deus sempre cuidará delas quando estivermos ocupados cuidando das necessidades de outras pessoas.

CAPÍTULO 13

Comportamento 10: O Hábito da Pressa

> Tudo que é feito com pressa tem o toque do diabo.
>
> *Provérbio turco*

As pessoas que têm muitos afazeres geralmente acham que precisam fazer tudo às pressas para dar conta de todas as suas tarefas, mas creio que se precisamos constantemente fazer as coisas com pressa, isso é um sinal de que estamos fazendo coisas demais. A maioria das pessoas hoje em dia diz que tem coisas demais para fazer e lamenta o estresse em que vive, mas se esquece do fato de terem sido elas que fizeram suas agendas — e por isso são as únicas que podem mudá-la. Será que temos realmente de fazer tudo o que fazemos, ou poderíamos facilmente eliminar algumas coisas, desacelerar e viver a vida em um ritmo no qual pudéssemos apreciá-la? Creio que todos nós sabemos a resposta para essa pergunta. É claro que podemos fazer menos se realmente quisermos.

Quando vemos o tempo de vida de uma pessoa registrado em uma lápide ou impresso em algum lugar, temos primeiro o ano do seu nascimento e em seguida o ano de sua morte. A única coisa que separa essas duas datas é um traço. Talvez o traço esteja ali porque é exatamente assim que a nossa vida parece passar, em um piscar de olhos. Fazemos tudo às pressas, e antes que nos demos conta, a vida chega ao fim e talvez não a tenhamos desfrutado.

> A maioria dos homens persegue o prazer de maneira tão afoita que não se dá conta quando passa por ele.
>
> *Søren Kierkegaard*

Apressamo-nos para fazer muito das coisas que precisam ser feitas porque acreditamos que assim teremos tempo para desfrutar a vida no futuro. Minha sugestão é que desaceleremos e comecemos a desfrutar a vida agora!

Deus Está com Pressa?

Minha experiência me diz que Deus não está com pressa. Ele parece sempre dar tempo ao tempo. Ele não se atrasa, mas geralmente também não se antecipa, e a expectativa dele é que sejamos pacientes enquanto esperamos. Neste momento estou olhando através de uma grande porta de vidro para árvores, grama, flores e pássaros brancos que sobrevoam a área indo e voltando. Enquanto olho, percebo que a natureza não está com pressa, mas, ainda assim, tudo que precisa ser feito é realizado.

As pessoas que gostam de estar ao ar livre dizem que apreciam a natureza porque ela traduz paz. Gosto dela porque me faz lembrar de

Comportamento 10: O Hábito da Pressa

Deus e da Sua Criação. Amo a paz que ela traz. Caminhar sem pressa em meio à natureza é benéfico tanto para a nossa alma quanto para o nosso corpo. Mas com que frequência dedicamos tempo para fazer isso? Algumas pessoas andam ou correm para se exercitar, e elas podem usufruir dos benefícios que isso traz, mas é muito diferente de caminhar apenas com o intuito de desfrutar a Criação de Deus e a paz que ela transmite. Tome a decisão de não passar correndo pela Criação de Deus sem nunca dedicar tempo para observá-la, desfrutá-la e apreciá-la.

De uns anos para cá tenho me esforçado para aprender a desfrutar tudo o que faço, e para fazer isso preciso me lembrar continuamente de reduzir o meu ritmo. Posso ser considerada uma pessoa rápida. Tomo decisões rápidas, passo de uma coisa para outra apressadamente, e ocasionalmente faço as coisas tão depressa que nem consigo me lembrar de tudo que fiz. Minha filha, brincando comigo, pediu que eu a esperasse estacionar o carro antes de soltar o cinto de segurança e abrir a porta para sair. Quando estamos fazendo compras juntas, é possível que eu já esteja dentro de uma loja enquanto ela ainda está saindo do carro. Se não me policiar para diminuir o ritmo, percebo que minha mente geralmente está um passo à frente de onde estou.

Dave raramente se apressa, meu genro também, e conheço algumas outras pessoas como eles, mas a maioria das pessoas está sempre com pressa, e infelizmente elas nem sabem ao certo para onde estão indo na vida. Se você e eu quisermos quebrar o hábito de estarmos sempre com pressa, teremos de fazer mudanças no nosso estilo de vida e na maneira que pensamos. Os bons hábitos expulsam os maus, portanto, concentre-se em permanecer em paz e em ser paciente, e a pressa finalmente será algo do passado.

Esteja Alerta Quanto à Sobrecarga

Definitivamente, você não precisa fazer tudo o que todos querem que você faça, e não há problema algum em dizer não. Proteja a sua paz recusando-se a sobrecarregar sua agenda. Quando começar a se sentir pressionado a fazer mais do que pode, abrindo mão da sua paz, use isso como um alerta quanto à sobrecarga. Assim como seu despertador diz quando você deve levantar e começar o dia, permita que o seu alerta de sobrecarga sinalize quando você deve dizer não para se manter em paz. Uma das pessoas a quem preciso dizer "não" é para mim mesma. Às vezes quero fazer coisas que me fazem sentir pressionada e tenho de dizer: "Joyce, a sua paz é mais importante que isto que você quer fazer." Com frequência somos o nosso pior inimigo. Às vezes queremos fazer tudo o que aqueles que conhecemos estão fazendo, mas talvez essa não seja a melhor escolha. Se agir com sabedoria, você pode permanecer em paz enquanto todos à sua volta estão estressados porque estão com pressa.

Ao assumir compromissos que rapidamente podem ocupar todo o seu tempo, certifique-se de também assumir consigo mesmo o compromisso de descansar e relaxar. Reserve frequentemente um tempo para reavaliar sua agenda, e se houver coisas nela que não estão rendendo bons frutos para você ou coisas que crê não precisar mais fazer, elimine-as. Pergunte a si mesmo se os sacrifícios que precisam ser feitos por você para realizar determinada coisa valem a pena.

Deus não está com pressa. Se nos apressarmos, provavelmente passaremos batido por Ele e depois ficaremos nos perguntando para onde Ele foi. Aprenda a viver de acordo com o ritmo de Deus. Viva em um ritmo que permita a você fazer tudo pacientemente e em paz.

São Francisco de Sales disse: "Nunca esteja com pressa; faça tudo tranquilamente e com um espírito calmo. Não abra mão da sua paz interior por motivo algum, ainda que todo o mundo ao seu redor pareça estar preocupado."

Os Malefícios da Pressa

Quando medito em quais são os benefícios da pressa, sinceramente não consigo pensar em nenhum. Mas posso rapidamente pensar em várias desvantagens. Estar sempre com pressa é nocivo à nossa saúde. Ficamos estressados quando nos apressamos, e todos nós sabemos o resultado disso. A pressa prejudica os nossos relacionamentos. Não temos tempo para cultivar relacionamentos ou, se temos amigos, não dedicamos tempo para realmente ouvi-los e atender às suas necessidades. Costumamos deixar a nossa família de lado enquanto tentamos fazer tudo aquilo que precisa ser feito. Estamos tão ocupados que não damos ouvidos aos nossos filhos quando eles tentam nos contar algo, não visitamos nossos pais idosos que estão solitários e estamos ocupados demais para dedicar tempo ao nosso casamento, que com certeza desmoronará um dia se não o fizermos.

Já mencionei uma das enormes desvantagens da pressa, que é o fato de não apreciarmos nada do que fazemos. A vida passa em um piscar de olhos e, quando ela chega ao fim, lamentamos por não termos feito menos e desfrutado mais.

Na verdade, ouso dizer que muitas das coisas consideradas por nós hoje um desperdício de tempo serão aquelas às quais mais daremos valor nos anos vindouros. Quantas mães você conhece que têm filhos adultos e dariam qualquer coisa para poderem se sentar com seus filhos pequenos e se divertirem com cada pequena coisa que aconteceu naquele dia? Quantas esposas não amariam apenas assistir com seus maridos reprises intermináveis dos episódios de *Guerra nas*

Estrelas — se tão somente eles estivessem presentes. Quantos de nós lamentaremos as vezes que não telefonamos para nossas mães apenas para dizer "olá", ou não passamos pela casa delas para fazer uma rápida visita?

Todas as vezes que fazemos algo assim, estamos fazendo um depósito na nossa conta bancária. Essa conta não é uma conta cheia de dinheiro para gastarmos nos nossos últimos anos de vida. Ela está cheia de lembranças das quais poderemos desfrutar no futuro sempre que desejarmos.

Estar com pressa faz com que percamos as coisas realmente importantes da vida. Ficamos carrancudos, sem paciência para tudo e todos e, além disso, nos iramos facilmente. Nossa desculpa é estarmos sempre ocupados demais e apressados, como se isso justificasse o nosso comportamento errado. Impaciência nada mais é do que pressa interior. Ficamos o tempo todo pensando e fazendo planos na tentativa de fazer tudo aquilo que acreditamos precisar fazer. Por dentro, estamos sempre correndo, e quando alguém ou alguma coisa não está se movendo tão depressa quanto nós, ficamos impacientes.

Por exemplo, se estou com pressa e Dave quer conversar sobre o jogo de futebol da noite anterior, algo em que não estou absolutamente interessada, quase sempre fico impaciente com ele. Ou se estou com pressa e alguma máquina ou aparelho não está funcionando como deveria, fico muito irritada e impaciente, e quando me dou conta, estou gritando com um pedaço de metal. Alguma vez você já ficou tão irritado com seu computador, ou com o seu celular, que o chamou de burro? Eu já fiz isso. Incentivo você a reduzir o ritmo, abandonando o hábito de estar sempre com pressa, antes que acabe prejudicando a si mesmo, aqueles que o cercam e o bom plano de Deus para você.

Comportamento 10: O Hábito da Pressa

Há tantas pessoas com pressa nos dias de hoje que nem sequer percebemos que isso é anormal, mas é. Nunca foi a intenção de Deus que fizéssemos tudo correndo e acabássemos com a nossa alma em frangalhos por causa do estresse gerado pela pressa. A pressa rouba a nossa paz, e um dos dons mais preciosos dado a nós por Jesus foi a Sua paz. Sem ela, pelo que sei, a vida não vale a pena ser vivida.

> Deixo-lhes a paz; a minha [própria] paz lhes dou e deixo em herança agora. Não a dou como o mundo a dá. Não se perturbe o seu coração, nem se atemorize. [Parem de se permitir ficar agitados e perturbados; e não se permitam ter medo e ficar intimidados, covardes e inquietos].
>
> *João 14:27*

A mensagem desse versículo da Bíblia é clara. Jesus nos deixou a Sua paz, mas é responsabilidade nossa organizarmos nossa vida a fim de que possamos desfrutá-la. Esse é um dom que Jesus nos deu liberalmente, mas podemos perder seus benefícios por completo se não dermos a ele o devido valor. O que você poderia mudar em sua vida para ter imediatamente mais paz?

Se sabemos o que deve ser feito e escolhemos não fazê-lo, então não há nada que possa nos ajudar. Costumamos orar pedindo paz, mas estamos fazendo a nossa parte? Deus não faz tudo por nós, mas Ele nos mostrará o que fazer e então nos capacitará — se estivermos disposto a fazê-lo. A partir do momento que soubermos como agir, é melhor não procrastinar, mas tomar uma atitude e realizar nossa tarefa até o fim. Deixar para depois geralmente significa não fazer nunca. Você sabe o que precisa ser feito? Então mexa-se. Quando adiamos as coisas, elas ficam à nossa volta, nos importunando, mas concluí-las nos dá uma sensação de satisfação. Se precisar escalar uma montanha, não se iluda, esperar não a tornará menor. Quando não adiamos as coisas, não nos sentimos pressionados por precisar fazer tudo de última hora.

Se não há benefícios em nos apressarmos, então por que o fazemos? Ah, sem dúvida, às vezes precisamos apertar o passo para chegar a tempo em um compromisso porque algo que não planejamos aconteceu, mas isso é totalmente diferente de viver com pressa o tempo todo. E mesmo esses momentos em que precisamos nos apressar para chegar a algum lugar a tempo, provavelmente poderiam ser evitados se tivéssemos nos programado melhor.

Vivendo com uma Margem de Segurança

Se estar sempre com pressa é um problema sério em sua vida, você provavelmente precisará encontrar suas raízes. A pressa pode ser simplesmente um mau hábito, mas também pode ser fruto da procrastinação. As pessoas que procrastinam e se atrasam — que esperam até o último minuto para fazer as coisas — estarão sempre com pressa. Aprenda a viver com uma margem de segurança. Em outras palavras, reserve um tempo a mais para fazer algo ou chegar a algum lugar, para se programar com tranquilidade. Então, se alguma coisa inesperada acontecer, você estará preparado.

Sou muito focada e detesto perder tempo, então minha tendência natural é não deixar muito tempo livre entre meus compromissos ou eventos. Isso muitas vezes fez com que eu tivesse de fazer as coisas com pressa. Se algo dá errado no meu plano perfeito, todo o meu cronograma meticuloso para aquele dia vai por água abaixo. Aprendi, após viver muitos dias frustrantes, que o melhor plano é deixar espaço (uma margem) para o inesperado. Em outras palavras, aprendi a esperar pelo inesperado. Se o seu planejamento para aquele dia não está funcionando, dê um telefonema e mude algo na sua agenda se isso puder ajudá-lo a não ter de se apressar. Declare guerra à pressa, e permaneça nessa batalha até ter detectado e derrotado todos os inimigos que o impedem de ter paz.

Comece Bem

Há alguns anos escrevi um devocional chamado *Começando Bem Seu Dia*, que é um dos nossos best-sellers. Por quê? Porque as pessoas entendem que se começarem bem o dia, o restante dele fluirá muito melhor. Se você precisa quebrar o hábito da pressa, diga "bom dia" a Jesus quando acordar e depois declare: "Não vou me apressar hoje. Farei as coisas em um ritmo que me permita permanecer em paz, paciente e capaz de desfrutar cada tarefa." Todas as vezes que você sentir que está começando a se apressar, repita isso novamente, e outra vez, e mais outra, se for necessário. Fazer essa confissão é muito melhor do que dizer "estou com pressa" cerca de vinte vezes por dia.

Isso pode e deve ser feito em relação a qualquer hábito no qual estiver trabalhando. Se você está desenvolvendo o hábito de ser uma pessoa determinada, quando acordar, depois de cumprimentar o Senhor, diga: "Hoje tomarei decisões. Sou sábio, sou guiado pelo Espírito Santo, e não vou procrastinar." Agir assim é muito melhor do que dizer ao longo do dia: "Tenho muita dificuldade de tomar decisões."

Não se esqueça de praticar o hábito de falar com Deus, porque o desenvolvimento de todos os outros bons hábitos depende dele! Passe tempo com Deus e peça a ajuda dele no início do dia. Isso o ajudará a começar bem o seu dia.

CAPÍTULO
14

Comportamento 11: Hábitos Emocionais

Todos nós temos emoções, e nunca sabemos quando elas virão à tona ou desaparecerão, mas não precisamos permitir que elas nos governem. Podemos controlar nossas emoções e nos livrar dos hábitos ligados a elas, que prejudicam tanto a nós mesmos quanto aos outros. Alguns maus hábitos relacionados às nossas emoções são autocomiseração, depressão, desânimo ou tristeza excessivos, que surgem quando permitimos que as nossas circunstâncias determinem o nosso humor. Outros são irritação, hipersensibilidade e sentir-se facilmente ofendido, além de tomar atitudes com base nas emoções sem sermos realistas e pensar no que estamos fazendo. Há centenas de emoções, mas essas são algumas daquelas com as quais lidamos com mais frequência.

A Autocomiseração

O hábito de sentir pena de nós mesmos é algo a que me refiro como um péssimo hábito. Não há nada menos atraente de se ver ou mais desagradável de se presenciar que uma pessoa com tendência à autocomiseração. É algo muito cansativo para todos. Conheço uma mulher que foi muito doce e agradável durante toda a vida, e que amava ajudar os outros. Mas aos oitenta e sete anos ela não pôde mais viver sozinha e teve de ir morar em uma casa de repouso. Era uma das melhores casas de repouso da cidade, com funcionários de alto nível. Ela era bem cuidada, se alimentava bem, seus filhos pagavam todas as contas e a visitavam com frequência, mas ela deixou que um sentimento de autocomiseração começasse a governar sua vida. Ela vivia resmungando e encontrava defeito em tudo. Ela costumava dizer que as pessoas simplesmente não entendiam o quanto era difícil para ela abrir mão de todas as suas coisas e ter de depender de outras pessoas.

O problema se tornou tão grave que as pessoas passaram a ter pavor de visitá-la, e a equipe estremecia toda vez que ela apertava o botão e acendia a luz vermelha na porta de seu quarto, indicando que ela queria ou precisava de alguma coisa.

Pensar sobre as coisas ruins em sua vida finalmente tornou-a uma pessoa geniosa e deprimida. Infelizmente, seu médico precisou lhe receitar cada vez mais remédios para controlar os nervos e a ansiedade, a fim de mantê-la calma o suficiente para que as pessoas conseguissem lidar com ela. Realmente creio que se tivesse mantido uma atitude positiva e de gratidão, ela poderia ter vivido uma experiência feliz naquele lugar. Aquela mulher estava tão absorta em si mesma que se recusava até mesmo a sair de seu quarto para visitar qualquer um dos demais residentes ou para ir até o refeitório, a capela ou a qualquer outra facilidade oferecida pela casa de repouso. A meu ver, esse é um bom exemplo de como o hábito de expressar emoções negativas pode literalmente arruinar a nossa vida e os nossos relacionamentos. Aquela senhora tinha uma escolha quanto à maneira de reagir a esse novo

Comportamento 11: Hábitos Emocionais

período de sua vida, mas fez a escolha errada e isso a levou a anos de infelicidade que poderiam ter sido facilmente evitados.

Um dos meus maiores problemas nos primeiros anos de minha vida foi a autocomiseração. Essa era definitivamente uma emoção que eu permitia que me controlasse na maior parte do tempo. Quando não conseguia o que queria ou tinha dificuldades ou problemas, a minha primeira reação era sentir pena de mim mesma. Sofri diversos tipos de maus tratos ao longo da minha infância e meu primeiro marido havia sido infiel. Por causa desse histórico, de alguma maneira, caí na armadilha de pensar que eu tinha direito de sentir pena de mim mesma. Eu pensava que depois do que havia suportado, era hora de eu finalmente ter uma vida fácil, em que as coisas acontecessem do meu jeito, e quando as coisas não saíam como o esperado, eu mergulhava na autocomiseração. Lembro-me de quando Deus falou ao meu coração: "Joyce, você até tem motivos para sentir pena de si mesma, mas não tem esse direito porque Eu estou disposto a fazer justiça em sua vida e a recompensá-la." Quando nos permitimos assumir o papel de vítimas, isso ameaça o nosso futuro. Por mais difícil que tenham sido os nossos primeiros anos de vida, ou por pior que as coisas estejam agora, Deus sempre nos compensará e nos dará o dobro em bênçãos em lugar dos nossos problemas anteriores, desde que estejamos dispostos a fazer as coisas do jeito dele. E, definitivamente, o jeito de Deus não é a autocomiseração, nem está associado a todas as outras emoções negativas que a acompanham. Tive de abandonar o hábito da autocomiseração, e você precisará fazer o mesmo se isso for um problema para você. A autocomiseração faz com que você veja apenas a si mesmo, e essa única pessoa que você consegue ver não está feliz. Você se torna o centro do seu universo. Deus teve de me mostrar que a autocomiseração, na verdade, é uma forma de idolatria, porque quando estamos voltados para dentro, estamos focados em agradar a nós mesmos e não estamos focados em Deus.

A autocomiseração é uma morte da qual não se pode ressuscitar, é um buraco negro do qual nenhuma mão pode resgatá-lo, porque você *escolheu* ser engolido por ele.

Elizabeth Elliot

Não podemos receber a ajuda de Deus ou dos homens enquanto não tomarmos a decisão de nos livrar do mau hábito de mergulhar na autocomiseração quando enfrentamos decepções na vida.

Como acontece com qualquer mau hábito, a maneira de vencer a autocomiseração é reconhecendo e entendendo que ela o está machucando, além de ser um sentimento que não agrada a Deus. Então você precisa confessá-la como um pecado, arrepender-se e pedir perdão e a ajuda de Deus para mudar. Aprenda a reconhecer os sinais de que você está mergulhado na autocomiseração e diga: "Não, não voltarei para esse lugar sombrio novamente." A autocomiseração é um desperdício completo de tempo, além de fazer com que nos sintamos péssimos. Ela impede Deus de nos ajudar, nos faz sentir pessoas desagradáveis de se conviver e rouba nossa alegria e nossa paz.

Se você está começando a afundar na autocomiseração, pense nas bênçãos que possui. Anote-as e repita-as em voz alta. Vá visitar alguém ou telefone para alguém que esteja pior do que você. Saia e ajude alguém, mas seja lá o que fizer, não mergulhe cada vez mais nesse estado emocional que leva você a sentir pena de si mesmo. Se tem um lugar para morar, comida para comer e roupas para vestir, você está melhor que mais da metade da população mundial. Se nos compararmos com as pessoas que parecem ter uma vida melhor do que a nossa, podemos facilmente mergulhar na autocomiseração. Entretanto, se nos compararmos com aqueles que têm menos do que nós, nos sentiremos realmente afortunados. Desenvolva o hábito de não permitir que emoções como a autocomiseração controlem você.

Controle o Seu Temperamento

Deixe a ira e abandone o furor; não se irrite — isso só faz mal.
Salmos 37:8

O temperamento é um sintoma — o ego é a doença. Podemos facilmente nos irar e perder a nossa paz quando não temos o que queremos, mas também podemos desenvolver o hábito de permanecer em paz e de não permitir que as nossas emoções nos controlem. Manter o nosso "ego" feliz pode se transformar em um trabalho em tempo integral, mas o salário por fazê-lo sempre é decepcionante. Finalmente percebi que quanto mais eu mimava a mim mesma, mais infeliz eu era. Creio que o único caminho para a verdadeira felicidade é esquecer-se de si mesmo e viver para ser uma bênção para outros. Deus sempre proverá a nossa alegria se seguirmos as Suas diretrizes para uma vida feliz.

A Bíblia nos ensina claramente que devemos controlar o nosso temperamento. Talvez você pense que não é capaz de fazer isso, mas a verdade é que o seu temperamento é *seu*, e só você pode perder a calma ou controlá-lo. A escolha é sua. Cresci em um lar no qual a ira e a confusão eram a norma. Meu pai era um homem extremamente irado. Ele usava o seu temperamento para controlar as pessoas através do medo. Eu estava tão acostumada com a ira que nem sabia que a paz era uma opção, até ver a paz de Deus em ação na vida de Dave.

Ira Justa ou Injusta?

A ira justa é uma emoção divina, mas essa é a ira direcionada para o mal, e não para todas as pessoas e coisas em nossa vida que nos incomodam. Se vamos nos irar, por que não nos irarmos contra a pobreza, a ponto de fazer alguma coisa a respeito do assunto? Ou nos irarmos contra o tráfico humano, a ponto de orar e participar de alguma forma no resgate dos que estão escravizados por essa terrível realidade? Recentemente, uma de nossas equipes médicas esteve em uma região do mundo onde o tráfico sexual é exercido de maneira desenfreada, e devido à extrema pobreza existente ali, muitos pais vendem uma ou duas de suas filhas por quinhentos dólares, a fim de impedir que as outras cinco ou seis morram de fome. Eles raciocinam que pelo menos as que forem vendidas serão alimentadas, e o preço que conseguem por elas alimentará as que restaram. Eles não têm o entendimento real de que estão vendendo suas filhas para uma vida de tormento, doença e escravidão. Felizmente, estamos negociando agora mesmo com traficantes daquela região para comprar as garotas de volta — garotas que já estavam em um contêiner esperando para ser embarcadas para outro país onde seriam obrigadas a se prostituírem. Isso nos custará três mil dólares, mas vale cada centavo para salvá-las da vida que teriam de enfrentar. Estamos irados contra esse mal que assola o mundo hoje, mas essa é uma ira justa que nos move a agir. Desperdicei grande parte da minha vida dando lugar a uma ira injusta, ficando irada porque não estava tendo tudo o que queria, razão pela qual me recuso a desperdiçar mais tempo. Você já chegou a esse ponto? Espero que sim, espero também que você comece a assumir o controle sobre a sua ira em vez de permitir que ela controle você.

Embora haja a ira justa, em geral não é esse tipo de ira que sentimos. Além do mais, não é ela que nos causa problemas. O tipo de ira que costumamos sentir é a ira injusta. É a ira que deflagra a dor e que prejudica não apenas os outros, mas também a nós mesmos.

A ira injusta é uma doença em estado latente, esperando o momento de se manifestar. O hábito de ficarmos irados faz com que nos sintamos excessiva e desnecessariamente estressados, e é a causa de muitas doenças. Médicos em Coral Gables, na Flórida, estudaram a eficácia da ação de bombeamento cardíaco de dezoito homens com doenças coronarianas, comparando-os com um grupo de controle formado por nove outros homens saudáveis. Cada um dos participantes do estudo passou por um teste de estresse físico (pedalar uma bicicleta ergométrica) e três testes de estresse mental (solucionar problemas de matemática de cabeça, relembrar um incidente recente que os deixou muito zangados e fazer um discurso curto para se defenderem contra uma acusação hipotética de furto em uma loja). Utilizando técnicas sofisticadas de raios-x, os médicos tiraram fotos do coração dos indivíduos em ação durante esses testes.

Em todos os indivíduos, a ira reduziu a quantidade de sangue que o coração bombeava para os tecidos do corpo mais que em outros testes, e isso aconteceu com maior intensidade naqueles que tinham doenças cardíacas.

Os médicos que realizaram os testes comentaram: "Por que a ira é tão mais potente que o medo ou o estresse mental, é o que todos nos perguntamos. Mas até termos feito mais pesquisas sobre o assunto, não custa nada contar até dez antes de perder as estribeiras."

A versão de Deus para "não perca as estribeiras" é "mantenham a vossa paz" (Êxodo 14:14). Ele nos deu a Sua paz, mas precisamos nos agarrar a ela quando a tentação de perdê-la bater à nossa porta. Sei que é possível quebrar o hábito de permitir que a emoção da ira injusta nos controle e aprender a desfrutar a paz de Deus em todo o tempo.

Reações Emocionais

Por causa de comportamentos que estão enraizados em nós, temos reações a uma série de situações sem sequer pensar. São hábitos que foram formados pela repetição ao longo de anos. Quando estamos angustiados, reagimos de uma forma; quando estamos desanimados, pode ser que reajamos de outra maneira. Quando estamos magoados, podemos reagir de uma maneira completamente diferente do que quando estamos angustiados ou desanimados. Jesus sentiu todas essas emoções, no entanto, Ele sempre reagia da mesma maneira. Ele confiava em Deus e permanecia em paz. Podemos fazer o mesmo? Sim, podemos! Comece prestando atenção em como você reage às situações e registre as suas observações em um diário. Não demorará muito para perceber que está reagindo a estímulos emocionais em vez de agir deliberadamente de acordo com as instruções dadas por Deus em Sua Palavra. Você pode desenvolver um novo hábito: o de permanecer estável em todas as circunstâncias.

Se eu sinto pena de mim mesma e fico irada quando alguém fere meus sentimentos, então estou reagindo às emoções que essa pessoa despertou em mim. Isso a coloca no controle da minha vida, o que não é bom. Entretanto, se eu a perdoar — que é o que Jesus nos ensina a fazer —, então Deus está controlando a minha vida, e isso é maravilhoso. Se permitirmos que o que as outras pessoas fazem conosco controlem o nosso comportamento, ou que outras circunstâncias façam isso, nos tornaremos escravos das nossas emoções. Por outro lado, se, por nossa própria vontade, formos guiados pela Palavra de Deus e pelo Seu Espírito, nos tornaremos Servos de Deus e podemos ter a expectativa de desfrutar a vida e tudo o que Deus nos prometeu.

Feridas Emocionais

Todos passam pela experiência de serem feridos em suas emoções, com mais ou menos profundidade. Todos nós precisamos aprender a não permitir que as emoções nos controlem, mas aqueles que foram feridos emocionalmente de forma muito profunda podem ter mais dificuldade de fazer isso que outros. Se uma pessoa foi rejeitada, abandonada ou sofreu abuso, é provável que suas emoções não funcionem como funcionariam se ela tivesse sido poupada desses traumas. Se o amor e a aceitação lhe foram negados ou se fizeram você sentir que não tem valor, você se encaixa na categoria que Deus chama de "pessoas de coração quebrantado". Mas tenho boas notícias para você: Jesus veio para curar os de coração quebrantado, para lhes dar beleza em vez de cinzas, alegria em vez de pranto, e vestes de louvor em vez de um espírito angustiado. Ele também veio para trocar o caos pela paz.

Tenho recebido a cura de Deus em minha vida e espero que você também a tenha recebido. Entretanto, se você precisa ser curado nessa área, quero lhe garantir que Jesus está esperando de braços abertos para iniciar uma restauração milagrosa em sua vida. Se as suas emoções estão feridas, você talvez tenha hábitos emocionais que lhe são prejudiciais.

Você come para se sentir confortado quando está magoado ou angustiado? Muitas pessoas que têm o hábito de comer em excesso correm para a geladeira em busca de consolo quando deveriam estar correndo para Deus.

Você sai para fazer compras e gastar um dinheiro que não tem quando está sofrendo? Nesse caso, você está tentando comprar consolo. Seja qual for o tipo de consolo que recebemos ao mimar a nossa carne, na melhor das hipóteses, ele é temporário, mas a ferida profunda que precisa do toque de Deus para ser curada ainda estará dentro de nós. Quer seja comida, compras, jogo, drogas, álcool ou qualquer outro comportamento destrutivo, Deus pode e quer libertar as pessoas que têm esses problemas. Ele é o Deus de toda cura e consolação. Ele é o nosso Libertador! O primeiro passo para a liberdade é reconhecer a verdade sobre o porquê agimos da maneira que agimos; em seguida, precisamos tomar a decisão de que, com a ajuda de Deus, não permaneceremos escravizados.

As pessoas buscam todo tipo de conforto quando estão angustiadas ou sentindo-se mal emocionalmente. Esse tipo de sentimento gera estresse, e as pessoas se voltam para hábitos — coisas que fazemos com frequência sem sequer nos darmos conta de que as estamos fazendo — para ter alívio. Aprenda a correr para Deus nos momentos de estresse, em vez de correr para o hábito ou o vício para o qual você normalmente se volta. Jesus disse simplesmente: "Vinde a Mim."

Hábito ou Vício?

Quando um comportamento destrutivo é um hábito e quando é um vício? Podemos ter vários hábitos que nos controlam em diferentes níveis. Mas quando um hábito destrutivo é levado ao extremo, então, em geral, ele se torna um vício, algo que uma pessoa precisa fazer para se sentir calma ou satisfeita.

Quando fumava, eu acendia vários cigarros por dia de forma automática, mas principalmente quando estava em uma situação estressante. Eu era viciada em nicotina e tive de passar por um período de desconforto físico, emocional e mental para parar de fumar. Eu nunca dizia: "Sou viciada em cigarro." Eu dizia: "Tenho o péssimo hábito de fumar." Creio que nos sentimos mais confortáveis pensando que temos um mau hábito do que pensando que somos viciados em alguma coisa. Eu tinha um mau hábito ou era viciada? Não estou exatamente certa de quando um hábito passa a ser um vício, mas creio que a resposta é a mesma. O processo de cura pode ser mais difícil se um hábito se tornou um vício, mas é autodestrutivo pensar que se somos viciados em algo, estamos presos àquilo e não podemos mudar o nosso comportamento.

Os viciados talvez pensem que não têm escolha quanto ao seu comportamento. Eles pensam que são viciados e não tem a escolha de parar. Quando vemos alguma coisa como um hábito, nos sentimos mais inclinados a crer que o mau hábito pode ser quebrado. Mas eu lhe garanto que, seja qual for a categoria em que o seu problema se encaixe, você pode ser completamente liberto.

Quer o seu problema seja roer as unhas ou um vício em heroína, a resposta ainda é a mesma: Deus vai ajudar você! Não estou dizendo isso na tentativa de ser simplista, mas a verdade é que Deus vai ajudar você. Ele é o nosso Ajudador! Será fácil abandonar esses hábitos ou vícios? Não! É possível? Sim, sem dúvida alguma! Se você é viciado em qualquer espécie de comportamento destrutivo, você pode estar sofrendo e se sentindo refém dessa situação, sem qualquer esperança, mas Deus nos oferece ajuda. Você vai sofrer enquanto estiver vivendo o processo de abandonar esses hábitos e vícios, mas será um sofrimento que, no fim, lhe trará alegria.

Quando estiver sofrendo por causa dos sintomas que acompanham qualquer tipo de mudança, lembre sempre: O SOFRIMENTO TERÁ UM FIM!

CAPÍTULO 15

Comportamento 12: O Hábito da Confiança

> O sucesso vem quando confiamos,
> e não quando desconfiamos.
>
> *Anônimo*

A confiança pode se tornar um hábito, ou é um sentimento que devemos esperar aflorar em nós? Acredito firmemente que podemos fazer da confiança um hábito. E o que é confiança? É a convicção de que se é capaz de fazer o que precisa ser feito. O mundo chama isso de autoconfiança, mas a Palavra de Deus chama de *confiança em Cristo*. Se a minha confiança estiver em mim, provavelmente me decepcionarei regularmente com o meu desempenho e com a minha incapacidade de ser constante, mas se a minha confiança estiver plantada firmemente em Cristo, posso ter certeza de que Ele sempre permanecerá o mesmo.

> Tenho força para todas as coisas em Cristo que me fortalece [estou pronto para qualquer coisa através dele, que me infunde energia interior; sou autossuficiente na suficiência de Cristo].
>
> *Filipenses 4:13*

Esse é um versículo da Bíblia para o qual me volto com frequência a fim de me lembrar de que, por intermédio de Cristo, posso fazer o que for preciso em minha vida. Creio que precisamos ser lembrados disso porque há muitas pessoas que estão prontas e a postos para nos dizer o que não podemos fazer ou não somos capazes de fazer. Sally Field disse: "Levei muito tempo para não julgar a mim mesma através dos olhos dos outros." Vamos parar de dar aos outros permissão para nos fazer sentir inferiores, e vamos acreditar no que Deus diz sobre nós na Sua Palavra.

O que Ele diz? Eis cinco coisas que Deus diz e que irão encorajá-lo.

1. Você é perfeito e completamente amado (1 João 4:16-18).
2. Se você crer, será aceito por Ele e nunca será rejeitado (João 3:18).
3. Você tem talentos e habilidades (Romanos 12:6).
4. Deus criou você de forma única e você não deve se comparar com os outros (Salmos 139:13-16).
5. Você pode fazer o que for preciso através de Cristo e não precisa ter medo do fracasso (Filipenses 4:13).

Escolhi essas cinco verdades da Palavra de Deus porque todas elas ministraram grandemente à minha vida. Durante os meus primeiros quarenta anos de vida, eu era insegura e me faltava a verdadeira confiança, mas crer na Palavra de Deus me deu confiança e uma nova vida. E ela fará o mesmo por você.

Simplesmente ler as passagens bíblicas anteriores não me transformou, a princípio. Precisei aprender a meditar nelas incessantemente e declará-las com a minha boca. Eu as li centenas, senão milhares de vezes, e deixei que elas permeassem a minha consciência. Elas renovaram a minha mente e me transformaram, assim como influenciaram a maneira que eu me via e meu relacionamento com Deus. Agora tenho o hábito da confiança, e você também pode tê-lo. Podemos crer no que Deus diz, ou podemos acreditar no que pensamos e no que as pessoas dizem. Creio que Deus é a melhor escolha, assim como a escolha mais confiável.

De Dentro para Fora

Sermos confiantes finalmente nos capacitará a viver uma vida mais ousada e a fazer coisas que não faríamos sem confiança, mas os maiores benefícios que isso nos traz estão dentro de nós. A nossa verdadeira vida é interior, independe do que possuímos, do que fazemos para ganhar a vida, de quem conhecemos ou do nosso grau de instrução. Essas coisas podem fazer parte da vida de uma pessoa confiante, mas elas não são a parte mais importante da vida de ninguém. Algumas pessoas acreditam equivocadamente que o contrário é o mais importante, e desperdiçam tempo se esforçando para melhorar sua vida exterior sem jamais prestar atenção à sua vida interior.

Uma pessoa confiante tem descanso em sua alma. Jesus nos prometeu que se fôssemos a Ele, Ele nos daria descanso, tranquilidade, refrigério, diversão e uma serenidade abençoada para nossa alma (Mateus 11:29). Isso não lhe parece absolutamente maravilhoso? Descanso é vital para a alma. Podemos deitar nosso corpo e ter descanso físico, mas não estar descansando verdadeiramente porque nossa alma (mente, vontade e emoções) ainda está trabalhando o tempo todo. Dê férias à sua alma!

Descansar interiormente vale mais do que qualquer coisa que possuímos ou que possamos fazer. Há muitas pessoas aparentemente confiantes e bem-sucedidas que são infelizes no seu interior. Creio que é importante cada um de nós entender o que é mais importante e estabelecer o objetivo de alcançá-lo. Você tem dado mais atenção à sua vida exterior do que à sua vida interior? Nesse caso, essa é uma boa hora para mudar.

A Palavra de Deus nos ensina a não colocarmos a nossa confiança no que somos na carne, nos privilégios e vantagens aparentes, mas, em vez disso, a encontrarmos a nossa confiança somente em Cristo (Filipenses 3:3). Se fizermos isso, teremos em nossa alma uma serenidade abençoada que não se pode comparar a nada no mundo. A confiança de saber que Deus o ama, o aceita e o aprova, é a melhor coisa que se pode ter.

Deus Está Com Você

Você tem confiança de que Deus está com você a todo o tempo? Ele está, e quer que todos nós tenhamos essa certeza. Não apenas uma mera esperança, mas certeza! Mesmo quando não sentimos a Sua presença nem vemos qualquer evidência de que Ele está conosco, podemos ter total confiança de que Ele está. Ele prometeu nunca nos deixar ou abandonar, mas estar conosco sempre. Você nunca está só. Deus é onipresente, e isso significa que Ele está em todo lugar, o tempo todo.

Para onde me irei do Teu Espírito,
ou para onde fugirei da Tua presença?

Comportamento 12: O Hábito da Confiança

*Se subir ao céu, Tu aí estás; se fizer no Seol (o lugar dos mortos)
a minha cama, eis que Tu ali estás também.
Se tomar as asas da alva, se habitar nas extremidades do mar,
ainda ali a Tua mão me guiará e a Tua destra me susterá.*

Salmos 139:7-10

Podemos ver nesse Salmo escrito por Davi que ele desfrutava o tipo de confiança da qual estou falando — e nós também podemos e devemos desfrutá-la. Você e eu podemos enfrentar com confiança qualquer situação ou desafio, ou qualquer coisa nova que possa tentar nos intimidar ou assustar. Ao nos aproximarmos de uma situação difícil, podemos dizer a nós mesmos: "Com a força de Cristo e colocando a minha confiança nele, eu posso fazer isso!"

Tome uma Decisão

Incentivo você a tomar a decisão de não ser uma pessoa tímida, insegura, indecisa, mas de ser confiante. Quando estou ministrando às multidões, tenho de simplesmente decidir ser confiante, independentemente de como eu possa me sentir. Nem sempre posso discernir apenas olhando para as pessoas se elas estão me aprovando, ou aprovando aquilo que estou dizendo, ou mesmo o quanto elas estão interessadas. Não podemos depender dos outros e esperar que eles façam com que nos sintamos confiantes, porque se fizermos isso, precisaremos sempre de uma nova dose de sinais, olhares e palavras de aprovação para não nos abalarmos.

Durante muito tempo ministrar às pessoas foi um sofrimento para mim. Se alguém se levantasse e saísse da conferência enquanto eu estava ensinando, eu tinha certeza de que era porque a pessoa não gostava de mim ou do que eu estava dizendo. Se alguém parecesse entediado ou sonolento, imediatamente pensava que eu era o problema. Eu permitia que a expressão das pessoas ditasse o meu nível de confiança, e precisei dar um basta nessa situação ou me sentiria infeliz pelo resto da vida. Você quer passar a vida em busca de aprovação, ou ter a certeza de que tem a aprovação de Deus, e que não precisa de nada além disso?

Confiança não é um sentimento; é ter uma mente equilibrada com a maneira correta de pensar. Temos duas opções, achar que as pessoas não gostam de nós ou que elas gostam, então por que a maioria das pessoas tende a pensar o pior? Elas se sentem inclinadas a isso porque o diabo está influenciando seus pensamentos, e das duas uma: ou elas não estão cientes disso, ou não estão determinadas a reivindicar o controle sobre seus pensamentos. Podemos ter medo de fracassar, ou podemos ter a expectativa de ser bem-sucedidos.

Seja Determinado em Sua Maneira de Encarar a Vida

A verdadeira determinação que vem da parte de Deus começa no homem interior. Seja ousado e determinado, encarando cada dia com confiança, esperando ter êxito em tudo o que fizer ao longo do dia. Se tivermos uma atitude tranquila e confiante, nunca teremos problema algum em fazer o que precisa ser feito. A confiança não é um sentimento que precisamos desenvolver para depois sair pelo mundo com gestos largos, falando alto e muitas vezes sendo insolentes. Ela é uma coisa bela e tranquila que começa no coração, e permanece firme na convicção de que não estamos sós e somos capazes. A atitude da pessoa confiante é cheia de possibilidades e não de impossibilidades. Ela é firme, segura e forte no Senhor.

Encare cada área da vida com confiança. Se você está enfrentando uma grande mudança neste momento da sua vida, não se sinta amedrontado. Você pode ter confiança de que este será um novo tempo de bênçãos. Se você está passando por alguma provação ou dificuldade, mesmo em meio a tudo isso, você pode ter a confiança de que Deus tem um plano e que Ele nunca permitirá que aconteça com você mais do que pode suportar. Ele providenciará um escape, e você adquirirá uma experiência valiosa que o ajudará no futuro.

Oração e Confiança

A oração é uma parte importante da nossa vida como filhos de Deus, e devemos orar com confiança de que Deus nos ouve e quer atender às nossas necessidades e desejos quando eles estão de acordo com a Sua vontade. Deus não quer que nos aproximemos dele timidamente, com medo e sem confiança. Ele nos instrui a comparecermos com ousadia diante do Seu trono para pedir o que precisamos e queremos. Nunca nos é dito para nos esgueirarmos até o trono ou para rastejarmos como mendigos. Conhecemos Jesus, e podemos falar em Seu maravilhoso e poderoso nome, razão pela qual podemos e devemos nos apresentar com ousadia.

Considere estes dois versículos da Bíblia:

> E Eu farei [Eu mesmo concederei] o que quer que vocês peçam em Meu Nome [como se apresentassem tudo o que Eu Sou], para que o Pai possa ser glorificado e exaltado no (através do) Filho.
> [Sim] Eu concederei [Eu mesmo farei por vocês] tudo o que vocês pedirem em Meu Nome [como se apresentassem tudo o que Eu Sou].
>
> *João 14:13-14*

Jesus não apenas diz algo impressionante, Ele diz algo impressionante duas vezes seguidas! A meu ver, Ele faz isso para que possamos realmente entender do que Ele está falando. Pedir "qualquer coisa" não me parece algo que se faz cheio de timidez ou medo. Ao contrário, soa como algo que se faz tendo a confiança de que somos amados e que podemos comparecer com ousadia diante de Deus, sabendo que somos amados e que Ele quer suprir nossas necessidades. Deus quer estar envolvido em tudo o que fazemos, e nós o convidamos para participar de todos os aspectos da nossa vida por meio da oração.

Eis um versículo realmente impressionante:

> Vocês que [são Seus servos e pelas suas orações] façam lembrar ao SENHOR [as Suas promessas], não fiquem em silêncio.
>
> *Isaías 62:6b*

É preciso confiança para de fato lembrar a Deus das promessas feitas por Ele. Imagine uma criança indo até seu pai e dizendo: "Papai, você prometeu jogar bola comigo hoje à noite." Esse é um belo exemplo de uma criança que confia no amor de seu pai. Mas foi um pouco mais difícil para mim acreditar que eu poderia ir até Deus Pai da mesma maneira, lembrando a Ele das promessas feitas a mim. Ao longo dos anos, adquiri confiança suficiente para fazê-lo, e tenho visto resultados maravilhosos. Ontem, orei dizendo: "Pai, Tu prometeste me favorecer, e espero ver isso se concretizar hoje. Tu prometeste me dar força para fazer todas as coisas, então estou esperando que a Tua força me encha de energia para realizar todas as minhas tarefas hoje. Tu és a fonte da minha sabedoria, por isso espero não cometer nenhuma tolice hoje. Vou tomar decisões sábias." Continuei com essa oração, lembrando a Deus as Suas promessas, e meu espírito

Comportamento 12: O Hábito da Confiança

testificava que eu estava agindo corretamente. Decidi pela fé ter esse tipo de confiança. Faço isso porque creio que Deus quer que eu o faça e porque é importante para o cumprimento do Seu plano, e você também pode fazer o mesmo.

Eis outro versículo ainda mais surpreendente:

> Procura lembrar-Me [lembra-Me os teus méritos]; entremos juntos em juízo e argumentemos. Apresenta as tuas razões, para que te possas justificar (provar a tua retidão).
>
> *Isaías 43:26*

Com base na Nova Aliança, estar "em Cristo" é o único mérito do qual verdadeiramente precisamos. Deus nos abençoará porque cremos em Seu Filho, Jesus. A verdadeira confiança insiste, e não deixa de lembrar a Deus as Suas promessas. Jacó lutou com o anjo do Senhor a noite inteira e se recusou a deixá-lo ir até que Deus o abençoasse.

> Jacó, porém, ficou só; e lutava com ele um homem até o romper do dia. Quando este [o Homem] viu que não prevalecia contra ele [Jacó], tocou-lhe a juntura da coxa, e se deslocou a juntura da coxa de Jacó, enquanto lutava com ele. Disse o homem: "Deixa-me ir, porque já vem rompendo o dia." Jacó, porém, respondeu: "Não te deixarei ir, se não me abençoares."
>
> *Gênesis 32:24-26*

Jacó um dia foi um enganador, um mentiroso e um trapaceiro, mas ele queria acertar as coisas com Deus e com seu irmão Esaú, cujo direito de primogenitura Jacó havia roubado. Ele obviamente confiava em Deus o suficiente para lutar com Ele até receber a bênção. Isso é chocante para aqueles de nós que têm dificuldade em ser ousados na oração e na maneira de se aproximar de Deus. Mas aqui está bem claro, escrito na Palavra de Deus: a confiança e a ousadia de Jacó lhe concederam poder junto a Deus. Imagino que Deus tenha gostado da sua atitude confiante!

Existem outros exemplos como esse na Bíblia. Temos a parábola da viúva que foi procurar o juiz injusto e ficou importunando-o até que ele lhe fez justiça. Ela venceu aquele juiz pelo cansaço (Lucas 18:1-8). Quanto mais não fará o nosso Deus justo por aqueles que insistem e não desistem? Jesus iniciou essa parábola dizendo que os Seus discípulos "deviam sempre orar e não desanimar (esmorecer, perder a confiança e desistir)". O desejo dele era que eles insistissem sendo confiantes, e Ele quer que façamos o mesmo. Lembre-se de que a nossa confiança não está em nós mesmos, está em Cristo. Devemos sempre ter em mente que, sem Ele, não somos nada e não podemos fazer nada que nos faça merecer qualquer coisa, mas através dele temos o direito de ir a Deus com ousadia em Nome de Jesus.

Sem confiança somos como aviões a jato sem gasolina. Simplesmente ficamos sentados sem fazer nada. Mas com confiança podemos alçar voo e levar outras pessoas a fazerem o mesmo. Podemos desfrutar a nossa jornada porque, em todo o tempo, temos o descanso e a tranquilidade bendita para nossa alma.

Estude em sua Bíblia sobre a confiança até estar inabalavelmente firmado na fé de que Deus realmente quer que você viva com ela. Recuse-se a viver um dia sequer sem ela. Faça da confiança um hábito!

CAPÍTULO
16

Comportamento 13:
O Hábito de Acrescentar Valor aos Outros

> Imagine que todo mundo que você conhece traz os seguintes dizeres na testa: "Faça-me Sentir Importante." Se agir com base nisso, você terá êxito não apenas nas vendas, mas também na vida.
>
> *Mary Kay Ash*

Todos nós precisamos de encorajamento regularmente. Creio que uma das melhores coisas que podemos fazer na vida é desenvolver o hábito de agregar algum valor à vida de todos com quem nos relacionamos. Lembre-se de que um hábito é formado pela repetição; portanto, concentrar-se em praticá-lo todos os dias é a chave do sucesso. Se acrescentar algo de bom à vida de todos que você encontra é o hábito que deseja desenvolver, seja criativo e encontre formas de se lembrar de fazer isso.

Se precisar de lembretes, escreva um bilhete para si mesmo ou faça um cartaz e coloque-o em um lugar bem a vista, para que seja o primeiro lugar que você irá olhar quando sair da cama. Depois de ler o lembrete, sugiro que diga a si mesmo em voz alta: "Hoje vou influenciar de forma positiva todo mundo que encontrar." Mesmo que encorajar as pessoas não seja algo fácil para você, é possível desenvolver esse hábito. Sei que é possível por ter conseguido fazer isso em minha vida.

Concentrar-se em agregar algo de valor à vida de outras pessoas nos ajudará a tirar nossa mente de nós mesmos, e isso é muito bom. Pessoas egocêntricas são a causa de boa parte da infelicidade no mundo, e qualquer coisa que façamos para evitar isso em nossa vida é uma vantagem. As pessoas que têm o meu tipo de personalidade, geralmente chamadas de pessoas coléricas, são indivíduos muito concentrados, mas geralmente só naquilo que estão tentando realizar. Como resultado desse foco, elas podem muitas vezes se sentir culpadas de serem insensíveis às necessidades e aos desejos das pessoas. Todos os tipos de personalidade têm características positivas e negativas. A tendência da pessoa colérica de ser insensível às outras pessoas é um ponto negativo, e deve ser confrontado e vencido com a ajuda de Deus. Nunca devemos usar as pessoas para obtermos o que queremos, e se elas nos ajudarem a conquistar algo ou a atingir o nosso objetivo, devemos dar-lhes crédito e valorizá-las ainda mais. Deus me ajudou a vencer isso e me tornou uma pessoa e uma líder melhor. Estou certa de que ainda cometo erros, mas progredi muito ao longo dos anos. Se esse é um dos seus pontos fracos, admita, e comece agora mesmo a vencê-lo com a ajuda de Deus. Você e Ele juntos podem fazer qualquer coisa!

Existem pessoas que são dotadas por Deus de uma capacidade especial de encorajar os outros. A Bíblia diz em Romanos 12:8, quando fala sobre nos dedicarmos a exercer os nossos dons: "Aquele que exorta (encoraja), use esse dom em exortar; o que contribui, faça-o

Comportamento 13: O Hábito de Acrescentar Valor aos Outros

com simplicidade e liberalidade; o que socorre e preside, com zelo e singeleza de mente; o que usa de misericórdia, com alegria genuína e entusiasmo." Ainda que você acredite que encorajar as pessoas não é seu dom específico, você ainda é responsável por agir assim. A Palavra de Deus nos ensina que devemos encorajar uns aos outros.

Pessoas que têm o dom do encorajamento descobrirão que fazer isso é algo muito natural para elas. Não será um hábito que precisarão desenvolver, mas felizmente pode se tornar uma rotina para o restante de nós.

Deus é a Fonte "de todo consolo (consolação e encorajamento)" (2 Coríntios 1:3). Se Deus é um encorajador, então devemos ser assim também, pois Ele é nosso exemplo em tudo. Todas as vezes que fazemos o que Deus faz, podemos ter certeza de estarmos fazendo o que é certo, e isso gerará alegria, paz e poder para nossa vida. Quanto mais você encorajar os outros, melhor se sentirá e mais alegria terá. Colhemos o que plantamos; portanto, se semearmos alegria colheremos alegria. Se semearmos encorajamento, podemos esperar receber o mesmo de outros. Quando encorajamos alguém, isso os edifica e fortalece, capacitando-os a avançar. Talvez, sem esse encorajamento, eles se sentissem esgotados e viessem a desistir.

> Você tem em seu poder a facilidade e a capacidade de aumentar o grau de felicidade deste mundo agora. Como? Dizendo palavras de sincera apreciação a alguém que está solitário ou desanimado. Talvez amanhã você se esqueça das palavras gentis que disse hoje, mas quem as recebeu poderá guardá-las com carinho por toda a vida.
>
> *Dale Carnegie*

Foi-nos confiado um grande poder: o de encorajar e acrescentar valor a todos que encontramos. Que objetivo maravilhoso para começar cada dia!

Há muitas maneiras pelas quais podemos encorajar os outros. Podemos fazer isso com palavras, contribuindo para ajudar a pagar algo de que necessitam ou ajudando-os de alguma outra forma. Também podemos encorajar as pessoas sendo rápidos em perdoar, em cobrir ofensas (1 Pedro 4:8), evitando críticas e tolerando e sendo pacientes com as fraquezas deles (Gálatas 6:2). Certamente eu valorizo o fato de algumas pessoas não fazerem um alarde quando eu erro. É maravilhosamente revigorante quando cometemos um erro e a pessoa afetada por ele diz: "Não se preocupe com isso, não há problemas. Todos nós cometemos erros."

Outra maneira de acrescentar valor à vida de alguém é ouvir com interesse o que essa pessoa diz. Nenhum de nós gosta quando estamos tentando falar com alguém e fica óbvio que ele não está interessado no que estamos dizendo. Isso faz com que nos sintamos desvalorizados. Sem dúvida, existem pessoas que tagarelam sem parar, e ouvi-las por todo o tempo que desejam falar talvez não seja possível, mas pelo menos podemos sair da conversa respeitosamente.

Podemos encorajar e agregar valor às pessoas sendo misericordiosos com elas. A Palavra de Deus diz que a misericórdia é superior ao juízo. Pessoas que observam tudo o que os outros fazem de errado são muito críticas. Elas observam frequentemente o que está errado e sempre mencionam isso, mas raramente veem o que está certo. Mesmo quando observam algo que é certo, sua natureza crítica impede que falem a respeito disso. Em vez de demonstrarem misericórdia, não mencionando erro ou falha, elas o repetem sem parar, não apenas para aquele que cometeu o erro, mas também para outras pessoas. Elas acham difícil deixar aquilo de lado e esquecer, o que faz parte da definição do perdão. Sei como esse tipo de pessoa me afeta, e certamente não quero ser uma delas. Jesus tinha o hábito de ser misericordioso, bondoso e perdoador, por isso quero ser assim também. E você? Devemos fazer alarde sobre tudo de bom que qualquer pessoa fizer e aprender a encobrir os erros com misericórdia. Vamos ajudar as pessoas a se sentirem melhor quando cometerem erros, em vez de fazer com que se sintam pior.

Deus se Importa com a Maneira Como Tratamos as Pessoas

Outro dia, eu estava em uma joalheria e um jovem, polindo o balcão, não estava prestando atenção em mim. Eu queria ver algo na vitrine, e mesmo quando perguntei a ele se poderia me ajudar, ele não respondeu. Fiquei irritada e perguntei novamente, mas meu tom de voz poderia ter sido mais gentil. Finalmente, ele olhou para cima, e ao fazer isso, pude ver que tinha uma deficiência mental. Ele disse: "Não posso abrir a vitrine, mas vou chamar alguém que possa fazer isso." Por ele estar com o rosto abaixado enquanto polia o vidro, o que provavelmente era o trabalho para o qual havia sido contratado, não pude perceber sua condição. Como seria natural, me senti terrivelmente mal com minha atitude impaciente e irritada, e me arrependi imediatamente. Eu ainda estava triste com a minha atitude uma hora depois. Ele pode não ter sequer percebido, mas Deus certamente me fez saber que Ele percebeu, e não gostou.

Deus se importa com a maneira como tratamos as pessoas, principalmente aquelas que têm alguma deficiência. Na verdade, realmente creio que a maneira como tratamos as pessoas em nossa vida é muito importante para Deus. Ele ama as pessoas e quer que as amemos como parte do nosso serviço para Ele. Costumo dizer que a medida do nosso amor pode ser vista na maneira como tratamos as pessoas. Talvez um dos melhores e mais belos hábitos que podemos desenvolver seja o de sermos gentis, pacientes e amorosos, acrescentando valor a cada um que encontramos. Talvez as pessoas se esqueçam do que você disse ou fez, mas elas nunca esquecerão a maneira como você fez com que se sentissem. Faça cada indivíduo sentir que é importante e valioso.

Eis algo que aconteceu e que certamente colocou um sorriso no rosto de Deus. A história se chama "Você Vai Subir na Vida", e o autor é desconhecido.

Era mais um dia sombrio e obscuro. Eu havia chegado da escola, trocado de roupa e me preparado para trabalhar. Trabalho em um restaurante local como caixa, conduzindo pessoas até suas mesas e retirando os pratos. Fui trabalhar me sentindo deprimida. Para piorar, estava recolhendo as mesas naquela noite. É a mesma coisa todos os dias. Lidar com clientes que reclamam e resmungam por causa da comida, do lugar onde estão sentados e de como o pedaço de torta que lhes foi servido era pequeno ou grande demais. Pequenas coisas como essas tendem a contrariar muitos dos nossos funcionários, mas todos nós aprendemos a lidar com elas. Alguns dias são realmente irritantes, mas você acaba se acostumando. Pelo menos, eu me acostumei.

Três senhoras idosas entraram e se sentaram em um canto junto à janela. Acontece que aquele era exatamente o lugar perto de onde recolho as mesas e deixo os pratos sujos nas pias. Eu estava muito ocupada retirando os pratos sujos desde as cinco da tarde. Era um caos tentar lidar com todas aquelas mesas sujas e com pessoas entrando e saindo, com garçons correndo por todo o restaurante.

Comportamento 13: O Hábito de Acrescentar Valor aos Outros

Mas aquelas mulheres idosas estavam observando como eu estava retirando as louças e trabalhando com afinco para garantir que cada mesa estivesse limpa e pronta para os próximos clientes. Quando terminaram suas refeições, levei os pratos delas de volta para a cozinha. Elas conversaram comigo por algum tempo sobre a escola, sobre como eu estava me saindo, sobre em que série estava e sobre meus planos para o futuro.

Quando elas estavam saindo, passaram por mim, e uma delas me disse com uma voz gentil e confiante: "Você vai subir na vida." Só isso. Elas saíram do restaurante e eu fiquei ali, parada, muito impactada. Eu estava com lágrimas nos olhos, pois elas me deram uma razão para acreditar em mim mesma. Elas levantaram o meu espírito abatido e me deram uma razão para continuar trabalhando duro e para dar tudo de mim naquele trabalho.

As pessoas me diziam que eu não teria uma carreira na televisão até conseguir um diploma e terminar a faculdade. Agora sou produtora executiva e âncora de um programa de televisão produzido por estudantes. Acabo de terminar um estágio em uma estação de televisão local. E o melhor é que tenho apenas 17 anos e estou terminando o colegial.

Ler essa historia trouxe convicção ao meu coração a respeito de uma atitude negativa minha, pois Dave costuma conversar desse mesmo modo com os garçons e garçonetes o tempo todo, enquanto eu sempre fico tentando fazer com que ele pare para podermos pedir nossa comida ou a conta. Eu imaginava que ele estivesse importunando os funcionários, até ler essa história, por isso ela me trouxe uma lição. Agora passarei a esperar pacientemente enquanto Dave os encoraja e talvez mude a vida deles. Há apenas dois dias ele tirou algum tempo para conversar com a garçonete e com a pessoa que estava tirando as louças das mesas. Entre uma conversa e outra, quando ninguém estava à mesa a não ser nós dois, eu disse: "Quer parar de fazer tantas perguntas a essas pessoas para podermos pedir a nossa comida?" Ele disse: "Não, não posso, porque creio que as pessoas se sentem encorajadas quando nos importamos com elas e com sua vida." Acho que, na verdade, eu queria que ele encorajasse as pessoas mais rapidamente, sem gastar tanto tempo com isso. Parabéns, dona Joyce, mais uma lição aprendida da maneira mais difícil!

Existem pessoas que parecem superar obstáculos, subindo ao topo por seu caráter e perseverança. Mas não temos registro do número de pessoas capazes que caem à beira do caminho, pessoas que, com encorajamento e oportunidade suficientes, poderiam ter feito grandes contribuições ao mundo.

Mary Barnett Gilson

Refletir a respeito dessa afirmação realmente faz com que eu me pergunte quantos estavam destinados a grandes coisas, mas as pessoas que receberam de Deus a função de encorajá-los não acharam que sua tarefa era importante o suficiente para cumpri-la. Devemos tentar ver o potencial nas pessoas, em vez dos problemas. Eu tive muitos problemas, mas felizmente Dave viu o meu potencial e ele tem sido um grande encorajador em minha vida. A maioria de nós necessita de alguém para nos encorajar enquanto percorremos a nossa jornada.

O mundo precisa de encorajadores, mas infelizmente não existem muitas pessoas que veem isso como algo importante, de modo que elas não se importam em cumprir esse papel. Valorizar todos que você encontra talvez seja uma das coisas mais importantes a se fazer na vida. É algo que pode ajudar muitas pessoas que, de outro modo, não venceriam em suas empreitadas, falhando em ser bem-sucedidas. A

Comportamento 13: O Hábito de Acrescentar Valor aos Outros

maioria das pessoas não valoriza muito coisas aparentemente pequenas como o encorajamento, mas não creio que isso seja algo pequeno para Deus.

Torne-se uma pessoa que tem o hábito de encorajar os outros, e você descobrirá que fazer isso acrescenta alegria à sua vida.

Torcendo pelos Outros

Deveríamos ser capazes de ficar felizes pelas pessoas quando elas são bem-sucedidas. Ainda que elas estejam prestes a nos ultrapassar, devemos animá-las.

Quarenta mil fãs estavam presentes no estádio de Oakland, quando Rickey Henderson quebrou o recorde de bases roubadas no beisebol, que até então pertencia a Lou Brock. De acordo com a revista *USA Today*, Lou Brock, que havia deixado o beisebol em 1979, acompanhou a carreira de Henderson e estava animado com o seu sucesso. Percebendo que Henderson estabeleceria um novo recorde, Brock disse: "Eu estarei lá. Acha que vou perder uma coisa dessas? Henderson fez em 12 anos o que levei 19 para fazer. Ele é impressionante."

As verdadeiras histórias de sucesso na vida são as das pessoas que podem se alegrar com o sucesso dos outros. O que Lou Brock fez ao torcer por Rickey Henderson deveria ser um estilo de vida para aqueles que pertencem à família de Deus. Poucas circunstâncias nos oferecem uma oportunidade melhor para demonstrar a graça de Deus do que quando alguém tem êxito e nos supera em uma área que é o nosso ponto forte e sobre a qual construímos a nossa reputação.

Mal consigo imaginar o quanto Rickey Henderson se sentiu bem tendo Lou Brock na arquibancada torcendo por ele. Todos nós queremos que nossos irmãos fiquem felizes por nós quando temos êxito. Temos de nos lembrar de que não precisamos estar competindo pelo primeiro lugar na vida em tudo, e que por melhores que sejamos em algo, alguém que está a caminho será melhor do que nós naquilo que fazemos. Isso é progresso, e devemos ser gratos por ele. Dizem que os recordes foram feitos para serem quebrados, e fico feliz por isso, porque assim podemos todos continuar tentando ser melhores e torcer por aqueles que tiverem êxito.

CAPÍTULO

17

Comportamento 14:
O Hábito da Disciplina

> Aquele que vive sem disciplina morre sem honra.
>
> *Provérbio islandês*

A esta altura, você provavelmente percebeu que nenhum desses hábitos pode ser desenvolvido sem que se tenha muita disciplina e domínio próprio. Não basta apenas querer agir de maneira melhor; precisamos estar dispostos a nos disciplinarmos, e isso sempre significa abrir mão de alguma coisa para conseguir outra que desejamos mais. Nós nos disciplinamos hoje para termos uma recompensa no futuro.

> No momento, nenhuma disciplina gera alegria, e sim parece penosa e dolorosa; mas, depois, ela produz um fruto pacífico de justiça para aqueles que foram treinados por ela [uma colheita de frutos que consiste de justiça — em conformidade com a vontade de Deus em propósito, pensamento e ação, resultando em uma vida reta e uma posição correta diante de Deus].
>
> *Hebreus 12:11*

Costumamos ouvir pessoas dizerem: "Não sou muito disciplinado." Ou "Gostaria de ser uma pessoa mais disciplinada". A disciplina nunca é resultado de um desejo, ela é fruto da disposição de passarmos pelo que é penoso e doloroso a fim de conseguir um bem maior, que é resultado desse processo. Você está disposto a isso? Acho que você deveria parar por alguns minutos e tomar essa decisão antes de prosseguir. Se tomar essa decisão e estiver levando-a a sério, você pode contar com Deus para lhe dar a força necessária a fim de seguir em frente, mas não estou tentando enganá-lo dizendo que desenvolver esses novos hábitos será fácil. Prefiro prometer menos e levar você a resultados maiores do que prometer demais e levar você a resultados menores. Se por acaso a disciplina acabar não sendo tão difícil ou dolorosa para você, isso é ótimo, mas caso ela seja difícil ou dolorosa, não quero que você fuja porque não fazia ideia de onde estava se metendo.

Alguns dos hábitos dos quais você precisa se livrar ou desenvolver parecerão mais fáceis do que outros, mas certamente haverá alguns que exigirão mais disciplina e domínio próprio. Não tenha medo da dor, mas lembre-se do velho ditado: "Sem esforço, não há resultado." Todas as vezes que alguma coisa for difícil, diga a si mesmo: "Estou progredindo."

Nunca Desista

A maioria das coisas na vida não é conquistada de maneira fácil e rápida. E certamente a maioria das coisas que valem a pena não se conseguem assim. Todos nós ouvimos falar em Albert Einstein. Ele é conhecido por sua mente brilhante, mas Einstein disse: "Não é que eu seja muito inteligente, eu apenas me debruço sobre os problemas por mais tempo."

Comportamento 14: O Hábito da Disciplina

Creio que uma das minhas melhores características é a de não desistir facilmente. É impressionante o que você pode realizar se estiver disposto a passar pela parte difícil para chegar à parte boa. Perseverança e firmeza são qualidades maravilhosas de se ter e são coisas que toda pessoa que tem verdadeiro sucesso possui.

A perseverança é um elemento fundamental para o sucesso. Se você bater à porta por um bom tempo, e com bastante força, certamente acordará alguém.

Henry Wadsworth Long Fellow

Lembre-se sempre de que ninguém pode convencê-lo a desistir se você se recusar fazê-lo, e ninguém pode impedi-lo de ter êxito se você não desistir. O ponto em que quero chegar é que o seu sucesso na vida ou em qualquer empreendimento é algo entre você e Deus. Se aquilo que está tentando fazer estiver dentro da vontade de Deus para você, Ele o ajudará a fazê-lo, desde que você faça a sua parte. Eu disse muitas vezes: "Somos parceiros de Deus na vida. Ele sempre fará a parte dele, mas será que estamos dispostos a fazer a nossa?" Oro para que estejamos sempre dispostos.

Alguns dos hábitos aos quais você irá se dedicar serão mais fáceis do que outros, e não sei se tenho uma boa explicação para isso. Durante os anos em que tenho me exercitado na academia, minha treinadora geralmente tenta me ajudar a aprender coisas que otimizarão os benefícios do exercício que estou fazendo, como ficar de pé de certa maneira; ou não encolher os ombros enquanto estou fazendo certos exercícios; ou não deixar a cabeça pender, mas mantê-la ereta. Algumas dessas coisas se tornam um hábito depois de terem sido lembradas duas ou três vezes, e de algumas outras ainda preciso ser lembrada depois de seis anos. Mas já decidi que não vou desistir, por mais que demore para aprender a fazer do jeito certo.

Uma das coisas mais difíceis de lembrar quando estou me exercitando é não fazer os exercícios rápido demais. Creio que a maioria de nós quer acabar logo com o que está fazendo, e a minha personalidade faz com que eu naturalmente queira resolver logo as coisas para poder seguir em diante, por isso preciso ser lembrada muitas vezes de desacelerar para que o músculo que estou usando obtenha o benefício pretendido. Bem, a boa notícia é que a esta altura, quando ouço minha treinadora dizer "devagar", já sei o que ela vai dizer em seguida. Finalmente estou reconhecendo quando faço as coisas depressa demais, de modo que isso significa que estou muito perto de vencer nessa área. É isso aí!

Os hábitos são coisas que costumamos fazer inconscientemente, e para quebrar os maus hábitos precisamos nos tornar conscientes de que os praticamos, para então passar a termos essa consciência antes de os praticarmos, só então poderemos escolher não praticá-los. É um processo, e se você é uma pessoa que desiste fácil, não chegará muito longe. Portanto, tome neste instante a decisão de que está disposto a ir até o fim e que está disposto a passar pela dor para obter o resultado esperado.

Talvez você esteja pensando que gostaria de ter um treinador que o acompanhasse em todas as áreas de sua vida, lembrando você de que está fazendo a coisa errada a fim de que possa fazer a coisa certa. Nesse caso, tenho boas notícias para você. Você pode contar com o treinador da sua vida, o Espírito Santo, para lembrar-lhe sempre de quando você estiver ficando relaxado em um dos seus bons hábitos e começando a retomar os velhos hábitos. Ele traz as coisas à nossa memória (João 14:26).

O *coaching* pessoal é algo que está muito em voga hoje em dia. Os profissionais dessa área ensinam seus clientes a viver da melhor maneira possível, e o treinamento deles abrange muitas áreas da vida. Estou certa de que eles são uma bênção para muitas pessoas, e se você quiser pagar por um, pode fazer isso, mas você já tem o melhor que existe, que é o Espírito Santo. Ele nos ensina todas as coisas. Jesus disse:

> Mas o Consolador (Conselheiro, Ajudador, Intercessor, Advogado, Fortalecedor, o que está de Prontidão), o Espírito Santo, a Quem o Pai enviará em Meu nome [em Meu lugar, para Me representar e agir em Meu nome], Ele lhes ensinará todas as coisas. E Ele fará com que vocês se lembrem de (lembrará a vocês e trará à sua memória) tudo o que Eu lhes ensinei.
>
> *João 14:26*

Essa não é uma notícia maravilhosa? Não precisamos fazer nada sozinhos. Temos um Auxiliador Divino que não apenas nos lembrará do que fazer, mas nos fortalecerá para sermos capazes de fazer essas coisas. Conte com Ele em todo o tempo! Eu lhe prometo que se você não desistir, Ele certamente não desistirá de você.

Quando estiver cansado e se sentir tentado a desistir, lembre-se apenas de que a sua vitória pode estar a apenas um dia de distância.

No início de sua jornada para desenvolver hábitos melhores e livrar-se dos ruins, talvez você queira começar com alguns que sejam um pouco mais fáceis para você, a fim de conquistar algumas vitórias rapidamente antes de começar a lidar com os hábitos mais difíceis. Não fique, porém, adiando demais os mais difíceis, ou você talvez nunca se anime a trabalhá-los. Aqueles que são mais difíceis de desenvolver são provavelmente os que lhe trarão mais benefícios quando você tiver conquistado a vitória. Se uma porta é difícil de abrir, não se afaste, apenas empurre com um pouco mais de força.

Disciplina e Alegria

Embora a disciplina não produza alegria imediatamente, seu objetivo é produzir alegria. Deus quer que sejamos felizes. Ele quer que desfrutemos nossa vida, e eu não creio que a desfrutaremos se não estivermos comprometidos com uma vida de disciplina e domínio próprio. As pessoas que não conseguem controlar a si mesmas não são pessoas felizes. Elas se sentem mal consigo mesmas, sentem-se pressionadas pelo sentimento de culpa e fracasso, e geralmente expressam sua raiva e frustração lançando-as sobre as outras pessoas. Sem dúvida seria muito melhor passar pela dor de aprender a ser disciplinado do que permanecer em um estado de permanente infelicidade, sendo escravizados pelo pecado e por hábitos destrutivos.

Jesus veio para que pudéssemos ter vida e a desfrutássemos em abundância e plenitude (João 10:10). Você está fazendo isso? Se não está, é por causa de um hábito que precisa ser quebrado? Se a resposta for sim, então mãos à obra. Lembre-se de que os especialistas dizem que precisamos de vinte e um a trinta dias para desenvolver ou quebrar um hábito, sendo assim, cada dia no qual você segue em frente, recusando-se a desistir, o coloca um dia mais próximo da liberdade.

Não pense no quão difícil é desenvolver novos hábitos, mas, em vez disso, pense na alegria e na liberdade que você em breve terá. Também recomendo que você não conte quantos dias ainda faltam para o novo hábito se instalar. É melhor, em vez disso, pensar a quantos dias você já está praticando aquilo que deseja transformar em seu com-

Comportamento 14: O Hábito da Disciplina

portamento habitual. Por exemplo, se o seu objetivo é disciplinar-se para passar a comer alimentos saudáveis em vez de alimentos ricos em açúcar, pense e fale sobre o quanto você já progrediu, e não no quanto é difícil ficar sem consumir açúcar. Verbalizar o quanto isso é difícil para você vinte vezes por dia só tornará as coisas ainda mais difíceis, mas verbalizar a sua alegria em ter tido êxito por um dia, dois dias, três dias, e assim por diante, o deixará feliz. Como eu disse, o que pensamos se torna a nossa realidade; portanto, certifique-se de que os seus pensamentos estejam alinhados com os seus desejos definitivos.

Zona de Segurança

Podemos viver com segurança ou perigosamente, mas se quisermos viver com segurança, ou no que gosto de chamar de "Zona de Segurança", então é necessário ter disciplina e controle. Por exemplo, se eu quiser ficar livre do fardo da dívida, preciso me disciplinar regularmente para não gastar mais dinheiro do que tenho. A facilidade de obter cartões de crédito hoje faz com que as pessoas gastem mais do que têm, isso permite que elas gastem hoje os rendimentos de amanhã. Se fizermos isso, porém, quando o amanhã chegar, nós já teremos gastado nosso dinheiro e teremos de continuar pedindo emprestado. Esse é um ciclo interminável, a não ser que aprendamos a nunca comprar algo que não possamos pagar com algum conforto. Se você quer usar cartões de crédito por conveniência, tudo bem, mas pague-os na totalidade ao final de cada mês. Se você não consegue fazer isso hoje, faça disso um objetivo e comece a trabalhar nele.

Algumas pessoas estão tão acostumadas a viver com dinheiro emprestado que até mesmo a ideia do que acabo de dizer soa como algo impossível, mas posso lhe garantir que não apenas isso é possível, como é a única maneira segura de se viver. Você talvez já esteja com muitas dívidas, mas não creio que seja tarde demais para fazer alguma coisa a respeito. A disciplina de hoje o ajudará a superar os erros do passado se você for persistente.

Você está vivendo uma vida insustentável? Talvez, de tempos em tempos, alguns de vocês até mesmo digam: "Não posso continuar vivendo assim para sempre", no que se refere ao nível de estresse ao qual está submetido, às dívidas que continuam aumentando cada vez mais, ao peso que talvez você continue ganhando ou a qualquer outra área que esteja fora de controle. Se você sabe que não pode manter esse comportamento, por que adiar a interrupção dele? Não será mais fácil se você esperar por mais tempo; ao contrário, é possível que se torne ainda mais difícil.

Esta manhã o Espírito Santo me trouxe convicção sobre uma área de minha vida que precisa de mais disciplina. Aprendi ao longo dos anos que quando Deus gera convicção, Ele também nos dá graça para vencermos. Agir no momento certo é importante! É importante agirmos no tempo dele, e não no nosso. Adiar alguma coisa até um momento mais conveniente geralmente significa que nunca faremos aquilo ou que será necessário um grande esforço para fazê-lo. Hoje comecei a orar a respeito da área sobre a qual o Espírito me trouxe convicção, e a estudar a melhor maneira de mudar. "Aja imediatamente, não adie!"

Vida sem Limites

A expressão "não se limite" é bem popular hoje em dia, mas será que ela é bíblica? Não queremos limitar o que Deus pode fazer em nossa vida através da incredulidade, mas se ignorarmos os limites saudáveis

Comportamento 14: O Hábito da Disciplina

e sábios, é uma questão de tempo até acontecer um desastre. Até as coisas boas podem se tornar ruins se não impusermos limites a elas. Por exemplo, se você passa tanto tempo sendo bom para com as outras pessoas a ponto de não ter tempo para cuidar de si mesmo como deve, sua boa intenção, por fim, lhe trará problemas de saúde e emocionais. Limites e fronteiras são vitais em todas as áreas da vida. Estabelecê-los e mantê-los requer disciplina e a criação de bons hábitos. Creio que é seguro dizer que a disciplina e os bons hábitos andam de mãos dadas, assim como a falta de disciplina e os maus hábitos.

Algumas pessoas tremem quando alguém menciona a palavra "disciplina". Elas têm uma opinião formada sobre o significado dessa palavra que não é nada saudável e leva à derrota. Precisamos entender que a disciplina é nossa amiga, e não inimiga. Ela nos ajuda a ser o que dizemos querer ser, a fazer o que dizemos querer fazer e a ter o que dizemos querer ter. Dizer o que uma pessoa quer é fácil e não custa nada, mas obter isso requer disciplina. A disciplina não nos impede de nos divertirmos e de fazer o que desejamos, mas, em vez disso, ela nos ajuda a conquistar o que queremos, que é paz, alegria e relacionamentos saudáveis, assim como outras coisas.

Deveríamos amar a disciplina e abraçá-la como nossa companheira de vida. Deveríamos convidá-la para estar conosco a todo o tempo, porque ela está sempre pronta para nos manter longe dos problemas. A Palavra de Deus nos ensina que somente o tolo odeia a disciplina.

A maioria das pessoas que encontrei cuja vida está fora de controle não é disciplinada. Pessoas assim vivem pelas emoções e não por princípios, e a sabedoria é algo que passa longe delas. Por fim, não lhes restará nada na vida a não ser lamentar o que fizeram ou deixaram de fazer. Todos nós podemos escolher entre a dor da disciplina ou a dor do remorso. As pessoas sábias se disciplinarão, e isso significa fazer hoje aquilo que as fará felizes mais tarde na vida.

Expectativa

Você pode aguardar o futuro com grande expectativa se estiver pronto para colocar os princípios deste livro em prática em sua vida. Todo dia pode ser uma aventura rumo ao aperfeiçoamento, em vez de mais um dia perdido. Cada bom hábito que você desenvolver tornará a sua vida melhor, e aumentará a sua alegria.

Descobri por experiência própria que se não tomo atitudes que me fazem avançar, sempre acabo retrocedendo. Não permanecemos estagnados por muito tempo. Deus está se movendo e Satanás também, e precisamos decidir com qual deles vamos nos mover. O plano de Deus para a sua vida é extraordinariamente maravilhoso, mas Satanás veio para matar, roubar e destruir (João 10:10). Ler este livro não o ajudará a não ser que você tome decisões e as ponha em prática; portanto, oro para que você esteja pronto para fazer isso. Se estiver, posso lhe prometer que você e Deus, juntos, serão uma equipe imbatível.

RESUMO

Quando você quiser desenvolver ou livrar-se de um hábito, faça o seguinte:

- Escolha uma área e comece.
- Não se sinta sobrecarregado com todas as mudanças que precisam ser feitas.
- O melhor plano é fazer uma coisa de cada vez, um dia de cada vez.
- Seja claro sobre o que você quer realizar.
- Ore para ter a certeza de que Deus o ajudará.
- Mantenha seu foco em fazer a coisa certa, em lugar de não fazer a coisa errada. (Nós vencemos o mal com o bem.)
- Não espere resultados instantâneos. Esteja preparado para se comprometer por vinte e um a trinta dias, e mais se necessário.
- Desenvolva um sistema de apoio para ajudá-lo a se lembrar do novo hábito que você está desenvolvendo:
  1. Coloque lembretes onde você possa vê-los com frequência.
  2. Dependa do Espírito Santo para dar o alerta quando você sair dos trilhos.
  3. Peça a um amigo ou a uma pessoa da família para lembrar-lhe se você estiver voltando aos velhos hábitos.

- Alinhe pensamentos e palavras com o que você quer ver acontecer.
- Comemore cada dia de sucesso.
- Quando cometer erros, deixe a decepção para trás e continue seguindo em frente.
- Não desanime com a distância que ainda precisa percorrer.
- Nunca desista!

Vigie seus pensamentos, pois eles se tornarão palavras.
Vigie suas palavras, pois elas se tornarão ações.
Vigie suas ações, pois elas se tornarão hábitos.
Vigie seus hábitos, pois eles formarão o seu caráter.
Vigie o seu caráter, pois ele se tornará o seu destino.

— *Autor anônimo*

Sobre a Autora

Joyce Meyer é uma das líderes no ensino prático da Bíblia no mundo. Renomada autora de *best-sellers* pelo *New York Times*, seus livros ajudaram milhões de pessoas a encontrarem esperança e restauração através de Jesus Cristo.

Através dos *Ministérios Joyce Meyer*, ela ensina sobre centenas de assuntos, é autora de mais de 80 livros e realiza aproximadamente quinze conferências por ano. Até hoje, mais de doze milhões de seus livros foram distribuídos mundialmente, e em 2007 mais de três milhões de cópias foram vendidas. Joyce também tem um programa de TV e de rádio, *Desfrutando a Vida Diária®*, o qual é transmitido mundialmente para uma audiência potencial de três bilhões de pessoas. Acesse seus programas a qualquer hora no site www.joycemeyer.com.br

Após ter sofrido abuso sexual quando criança e a dor de um primeiro casamento emocionalmente abusivo, Joyce descobriu a liberdade de viver vitoriosamente aplicando a Palavra de Deus à sua vida, e deseja ajudar outras pessoas a fazerem o mesmo. Desde sua batalha contra um câncer no seio até as lutas da vida diária, Joyce Meyer fala de forma aberta e prática sobre sua experiência, para que outros possam aplicar o que ela aprendeu às suas vidas.

Ao longo dos anos, Deus tem dado a Joyce muitas oportunidades de compartilhar seu testemunho e a mensagem de mudança de vida do Evangelho. De fato, a revista *Time* a selecionou como uma das mais influentes líderes evangélicas dos Estados Unidos. Sua vida é um incrível testemunho do dinâmico e restaurador trabalho de Jesus Cristo. Ela crê e ensina que, independente do passado da pessoa ou dos erros cometidos, Deus tem um lugar para ela, e pode ajudá-la em seus caminhos para desfrutar a vida diária.

Joyce tem um merecido PhD em teologia pela Universidade Life Christian em Tampa, Flórida; um honorário doutorado em divindade pela Universidade Oral Roberts em Tulsa, Oklahoma; e um honorário doutorado em teologia sacra pela Universidade Grand Canyon em Phoenix, Arizona. Joyce e seu marido, Dave, são casados há mais de quarenta anos e são pais de quatro filhos adultos. Dave e Joyce Meyer vivem atualmente em St. Louis, Missouri.